許湘濤 著

俄羅斯

及其周邊情勢之研究

獻給

雷巧華

和

安霓 安雯 安德

序　言

　　對俄國的研究是作者本人自大學時代以來的一個不曾稍減的興趣。自從在東海大學政治學系任教以來，在所開設的相關課程裡，時常和學生們討論並蒐集資料。累積了一些教學的經驗，也發現有必要為學生們準備一本入門的講義，讓他們更快更正確地認識這個歷經興衰起落的歐亞大國。另外，在校內外的研討會裡，作者從許多先進學者獲得啟發，也增進許多新知，因此覺得或許可以為台灣的俄國研究貢獻一點心力，以回饋前輩們的指導與提攜。最後，要感謝東海大學政治學系的同仁和前輩們給我的鼓勵，也感謝學生們和我一同探索，讓我從構思到寫作和付梓，都能步步前行。當然，還有一個不能忘記的環境因素，就是東海大學優美的人文氣息和校內各部門對研究工作的支持，讓我們得以在寧靜的深夜裡，從學術的思辯中得到平安與喜悅。另外，要特別感謝國立政治大學中山學術研究所的游智偉碩士，從校稿、編排到接洽出版事宜，給了我許多協助。智偉畢業自東海大學政治學系，他讓我看到，培育學生不僅是一種責任，也是很愉快的一件事。另外，應該提到江秉彝和吳彥然兩位碩士研究生，我們在理論與方法及俄羅斯南圈部分文字方面所做的討論對我們各自都頗有助益。不過，由於時間的緊迫，個人資質之不足，以及資料之不斷更新，使得本書的內容有許多不夠充分與完整之處，這些疏漏將於再版時修訂補充敬請先進前輩們不吝指正。當然，所有的誤謬均為作者本人之責任。

許湘濤　謹誌於
東海大學政治學系
2008 年 1 月 12 日

目　錄

圖表及地圖目次

俄羅斯聯邦

資料來源：Freedom House

第一章　緒論

第一節　研究動機

　　德國統一，蘇聯解體，改變了歐亞大陸一個世紀以來的國際關係模式。一些分析家認為蘇聯崩潰的結果不僅僅是一場世界地緣政治的災難而已，而且，這種改變最終將導致一場連鎖反應。儘管俄羅斯位居心臟地帶的中心位置，但是它已不再有地位來掌握世界地緣政治的平衡。俄羅斯做為區域霸權（region's hegemon）的時代已經結束，俄羅斯與歐亞大陸在地緣政治上已不再是重疊一致的。今日的俄羅斯聯邦仍然保有俄羅斯國家的傳統成份。它仍然位在歐洲和亞洲，但是它已經失去了從前做為大陸之重心的品質。無論是分裂還是再集中，歐亞大陸等於俄羅斯的時代已經結束了。我們應如何瞭解和看待俄羅斯的改變呢？

　　分析後蘇聯時代的領土安排，其地面邊界長度超過 10,000 英里。在如此崎嶇漫長的邊界上，俄羅斯與東歐、波羅的海、裡海、中亞、遠東等鄰國在政治、經濟、人口、宗教、戰略方面之關係均極其錯綜複雜並構成多重的挑戰。做為蘇聯和俄羅斯帝國的繼承國，今天的俄羅斯只包含約蘇聯時代的 50%人口，60%工業能力，70%土地面積。土地面積具有關鍵的重要性。正如拿破崙（Napoleon）

所說：國家的命運被地理所決定。[1]俄羅斯這個國家的地理位置、它的國內領土的結構、以及國家政權與國內外各族群間的關係都和俄羅斯未來的命運息息相關。因此，瞭解俄羅斯如何處理它的內部疆界（internal boundary）和國際邊界（international border），以及它的處理方式所造成的後果，均將有助於吾人瞭解沿著俄羅斯邊界的歐亞大陸各個地區所發生的變化，同時也可以瞭解俄羅斯政權本身的性質及其對內與對外的政策與態度。

蘇聯解體後的俄羅斯，由於領土形狀的巨大變動而引起了許多紛爭和動盪。為了鞏固現有的領土與勢力，俄羅斯企圖重組後蘇聯的空間以符合其利益。早期之意圖在劃出一個勢力範圍，或前蘇聯領土上的特殊利益地帶。也因此遭遇到許多來自邊界內外的挑戰。第一種挑戰來自境內而非境外，例如分離主義的傾向導致國境內外的紛爭與衝突，而領土碎裂所引起的連鎖反應更將使國家進一步解體，甚至滅亡。第二種挑戰來自於國際社會。國際社會對人權的關切往往凌駕國家對領土的主權以及國界的不可侵犯性。這使得國家在應用本國的法律和力量來處理境內的種族或疆界爭執的時候，常常受到國際社會的關切甚至干預。至於境外衝突與爭議所受到的掣肘與限制就更不用說了。

在後現代的現實裡和歐盟與北約來到門階前的情況下，當今的俄羅斯既須面對國內政治結構的演變和政策的形成，又必須面對國內外一些地區的前現代化狀態，如車臣。糾纏在這兩種狀況下，俄羅斯不但深深陷在這些過程裡，同時也是這些過程如何達成結果的

---

[1] "La politique de toutes les puissances est dans leur geographie." 轉引自 Nicholas J. Spykman, "Geography and Foreign Policy, I" *American Political Sceience Review.* Vol.32, No.1 (Feb., 1938), p. 28.

一個關鍵性的測試場。因此，俄羅斯在國內政治與地緣政治上的表現將對它自己和其他人具有特別的重要意義。

鑒於俄羅斯在其周邊地區的困境，特別是俄羅斯南翼的政治不穩定和東面中國力量的興起，使得一些西方的分析家和親西方的俄國學者相信，俄羅斯必然要加入歐洲，即與歐盟整合並與美國建立同盟。他們認為世局的新發展要求新的結盟關係。一個後帝國主義的、歐洲傾向的俄羅斯將是建構一個能夠回應當前與未來之挑戰的安全體系的重要因素。換言之，俄羅斯必須徹底地融入歐洲，不可擺盪在歐亞之間。俄羅斯也應該放棄國際政治多極化（multipolar）的思想，不要妄想成為另一個極。他們警告俄羅斯，擴大的歐盟和北約最終將在整合了的西方與中歐和未能整合的歐洲大陸的東面邊緣之間劃下一道真實而永久的分界線。屆時，俄羅斯，包括白俄羅斯，就可能變成唯一和永遠的外地人。於是，他們呼籲俄羅斯要確定自己的國際認同，要認同西方的政治社群，軍事同盟，或經濟共同體，千萬不要把自己劃在這條地緣政治的邊界線之外。[2]

然而，從最近的俄美關係來看，俄羅斯似乎並不想追隨美國的領導，也不想遵奉美國的獨霸地位[3]。然則，俄羅斯將何去何從？本研究試圖應用邊界的概念探討俄羅斯及其周邊地區的關係和情勢，

---

[2] 以上見解最強調者可見於 Zbignew Brezezinski, The Grand Chessboard. American Primacy and Its Geostrategic Imperatives. New York:BasicBooks, 1997. 另見卡內基和平基金會主席 Jessica T. Mathews (President, Carnegie Endowment for International Peace) 為以下這本書所寫的序, Dmitri Trenin, *The End of Eurasia. Russia on the Border Between Geopolitics and Globalization.* Washington, D.C. and Moscow: Carnegie Endowment for International Peace, 2002. pp. vii-viii.

[3] 「俄國會決議凍結傳統武力條約　研擬增兵西境」，2007/1/08。Yahoo 奇摩。

由此出發，瞭解俄羅斯在蘇聯解體之後，如何看待它自己，以及對其國際地位的自我認知和對外政策的可能走向。

第二節　疆界與邊境

一、疆界的概念[4]

根據 Barbara J. Morehouse 的研究，邊境（borderlands）這樣一個空間是為疆界（boundaries）內日常現實生活結束的地方。它們是離邊界線另一邊最近的區域。在此空間內，平常由疆界所屏障的文化認同開始變的模糊（blurred）、摻雜（mixed）、混合（creolized）。實際上，連接不同空間位置（spatial location）和地方（positioning）的想法，已經滲入了我們的語言以及論述當中。而在數量龐大且日益增加各種著作當中，即使不是特別針對邊界／領域之研究，疆域（boundaries）與邊界（border）仍然是將其組成的關鍵概念。[5]

---

[4] 感謝東海大學碩士生江秉彝協助整理和討論這一部分的文字，本文作者加以修訂並自負文責。

[5] Barbara J. Morehouse, "Theoretical Approaches to Border Spaces and Identities," in Barbara J. Morehose eds., *Challenged Borderlands: Transcending Political and Boundaries* USA: Ashgate Publishing Company, 2004, p.20.　B.J. Morehouse 為 University of Arizona 的地球研究所 (Institute for the Study of Planet Earth)的副研究科學家，專長邊界研究與疆界理論。

　　簡單來說，疆界無論在實際上或喻義上都代表一種差異的空間化。依照學者 Kirby 的說法，疆界經由建立認同與調節流通以找出差異，事實上，差異若沒有加以空間化，則不論是認同或活動都不可能發生[6]。反過來說，這些功能暗示著具有規則存在。因此，疆界必須由幾組規則所組成，規定有何種形式的差異，何時何地、可以或不可以採用這樣的差異，以及誰可以決定增減、刪除、或改變做為分殊化的規則、來決定為何採用那些特殊的規則。然後，必須對疆界劃定的規則進行一些補述，例如，以什麼方式區分、在什麼時候或什麼地方，以及這樣的區分是否有效。

　　在過去因為有城牆的關係，疆界顯得相當明顯，例如中國與羅馬帝國。中國與羅馬的城牆看起來好像標明了邊疆（frontier）的前緣，在文明最前緣建造了一堵牆來隔絕不文明。然而，歐洲國家的政治結構組成，一直要到啟蒙時代，現代的領土疆界才開始具有支配性的地位。現代疆界包含了一些周邊相鄰接之具有政治管轄權與主權的領土單元。現代的邊疆已經封閉了，若是要調整，唯有以地貌為基礎才有可能。

　　近來對經濟的討論開始由專注於地理上的固定空間轉化到浮動的空間[7]。雖然某些疆界的功能，特別是對貨物的國際貿易與思想和知識的全球性流動的控制，日益受到質疑，但經濟全球化並沒有使傳統的疆界完全過時。在構成我們當代知識體制的政治、法律、經濟和社會過程等的特殊組合裡，疆界作為不可或缺的元素，實際上依舊存活著。

---

[6]　Kirby, K.M., 1996, *Indifferent Boundaries: Special Concepts of Human Subjectivity*, Guilford Press, New York. 轉引自 Morehouse, op.cit., p.20.

[7]　Morehouse, op.cit., p.21.

　　最重要的是，正如 Pounds 所言，只要是疆界，就不會是「純自然」的，因而「人為的」疆界這種分類也沒什麼用處；更確切來說，他強調，所有的疆界都是某種社會結構。這是今天學界的主流觀點。[8]

　　Tagil 將 Pounds 的方法更進一步地發展[9]，他認為疆界的定義與功能會隨著時間而改變，而嘗試理解這些疆界時，就必然會因為所提出之問題的類型而受到限制。所以，他強調，在理解和研究疆界時，要融入相對性這個觀念。他也強調，根據所研究的疆界和所提出的問題，與核心／邊陲關係、經濟整合、權力政治，或是群體／個體社會行為相聯結的理論，應該是有用的。Tagil 還強調，將歷史併入疆界研究的必要性。他認為知道疆界何時和如何形成，在殖民形態與疆界繪製的過程之間有什麼歷史性的關係，又有什麼樣的政策與邊界有關，是很重要的。另外，評估邊界居民（border population）的利益與官方的邊界政策（'official' border policies）的協調的程度，也是很重要的。

　　十九世紀製圖技術的進步，以及自然地理知識的增加，使製圖師可以繪製相較之下更精確的地圖。藉由刻印在地圖上的疆界，人們得到保護疆界的新能力，並且賦予它們有形的歷史。接著，有形的文件，使得這些領土疆界的合法性更容易被保護，同時也更容易被挑戰。先有描述疆界的能力，然後得以控制民族國家的特性與本質，接著表現出秩序，再接著是優勢，民族國家對缺乏良好組織之

---

[8]　Ibid., p.20.

[9]　Tagil, S., "The question of border regions in Western Europe: an historical background," in M. Anderson (ed.), *Frontier Regions of Western Europe*, (London: Frank Cass, Ltd., 1983).

社會具有相對的優勢，並且確立了某些具有更多優勢的國家型態。而通訊與交通科技的進步使遠離中心的地區更容易有效控制。藉著新的科技，中央得以更快瞭解到邊界的問題，並且迅速做出反應。更進一步，藉由這些中央與邊陲關係的進步，中央政府能夠，更緊密的，將邊境人口整合進民族國家的發展、結構、意識形態，以及每一天的生活當中。

　　重建特定疆界的歷史，並利用歷史去證明民族國家的大小、規格、位置，如同對現存（國家及其內部）疆界的保衛與爭執，在今天依然持續著。例如克羅埃西亞（Croatia）疆界的劃分已經把文化多樣性的特性（語言、宗教、歷史經驗）加諸於經濟與政治的區位和互動型態之上，試圖在世界民族國家體系當中佔有一席之地，並在 1980 年代以及 1990 年代初期的戰亂中利用地理以達成和平的解決。

二、疆界的功能

　　綜上所述，疆界可以被看做是差異和一套規則的空間化，而疆界如何運作差異化的過程，則可從疆界在特殊背景下所履行的功能來理解。以下簡介疆界的一些功能。[10]

---

[10] Morehouse, op. cit., pp. 23-28.

（一）疆界是一種障礙（Barriers）

在國家建立時期（state-building era）[11]的高峰期間，疆界被視為是一個阻止危險發生的地方，屏障著那些在裡面的事物。疆界在傳統上被用來阻擋被認為不合法或令人討厭的貨物、人、資源、以及交通（communications）的進入。

（二）疆界是自然法（natural law）的展現

由邊界劃定的行為，反應出啟蒙時期所普遍關切的，在自然法則的基礎上發現、闡明、應用普世的法則。持此觀點者相信，訴諸自然的更高權威，可以消除疆界，以及隨著疆界而來的差異，應該具體定位在何處的爭論。這種使用自然景觀特徵作為疆界標誌與界標的思想在法國獲得大量關注。河流，是相當受到青睞的區分線，緊隨在後的是山脈的稜線，因為它們容易辨識。即使面臨著運輸、通訊、以及控制技術的創新，確定劃分了的疆界線依然支配著世界事務。

（三）疆界是一種過濾器（filters）

地緣政治學者 Ratzel 開發了一種法則（law），將邊界類比於有機體，邊界線就好像外面的表層，在內的國家的存在就好像有機體的核（heart）[12]。如同包著內部成員的紗網，允許某些東西通過界

---

[11] 1800 年~1945 年。

[12] Barbara J. "Theoretical Approaches to Border Spaces and Identities," in Barbara J.

線，將另外一些東西排除，邊界在這個面向上的功能，就好像是過濾器一樣。

（四）疆界是民族主義的表達

將疆界功能視為是對民族認同的捍衛，對民族團體領土範圍的聲明，是一個相當普遍的看法。語言學及文化的疆界，正是民族區別彼此的重點，被視為是一個更能反映現實的法則，凌駕於自然法則當中的河流和其他自然景觀特色。而民族主義為一種基礎，繼續在許多地方構成棘手的領土、邊界、以及爭論。

（五）疆界為一種衝突點

將疆界視為衝突點，在疆界研究，尤其是在政治地理學當中，是一個相當頻繁被提出的領域。許多戰役以及兩次的世界大戰都是因為疆界該如何劃分的問題而開戰，不難想見這會成為重要利益及行動的源頭。根據地緣政治學的看法，邊界與疆域被視為安全威脅發生之處。學者 Martinez 說：「很自然地，邊界地帶，尤其是那些遠離中心的地帶，孕育了獨立、叛亂、文化偏差、無秩序、甚至失去法治」[13]。

Morehouse eds., *Challenged Borderlands: Transcending Political and Boundaries* USA: Ashgate Publishing Company, 2004, pp.24.

[13] Martinez, O.J., *Troublesome Border* Tucson: University of Arizona Press. 1988. 轉引自 Morehouse, op. cit., p. 26.

（六）疆界是接觸與合作的起點

就疆界的功能而言，從地方到超國家的所有層次上，接觸與合作是近年來一個關鍵的主題。時至今日，吾人已認識到生態上以及管轄權上的兩個疆界是同時存在的，但卻少有重疊之處，因此，自然資源的管理者已經開始尋找途徑，在未來劃定這些疆界的類型時，在合作模式的基礎上調解矛盾與衝突。

（七）疆界做為背景（contexts）

另一個了解疆界的方法，是藉由當代對多元主義研究途徑的興趣而產生的，即背景的重要性，以及需要更強調地方性及其與其他解決方案的聯結。這些研究代表著一種趨勢，不再依賴全球性的、概括性的法則，而更聚焦於現實世界當中的物質條件。多年來，背景雖然被認為是疆界與邊境研究的一個重要元素，然而直到最近，社會、政治、經濟和生態的背景，才被視為在解釋差異空間化的過程中值得注意的因素。

三、邊境的定義

基本上來說，邊境（bordeland）就是疆界線（boundary line）劃過的地區。要瞭解邊界與邊境，亦即沿著疆界的領土空間，最重要的關鍵，就在於辨認他們之間交互作用的性質。藉著與疆界及其規

則的互動，並從邊境領土居民之間跨越疆界的交易互動當中，邊境獲得其基本的認同。

在兩次世界大戰中，地緣政治理論對於世界事務有著強烈的影響力時，無人地帶（Shatterbelt），緩衝區（buffer zone），非軍事區（demilitarized zone）這些地方開始有人口流動。所有這些基於兩大強權長期權力重疊、樹立敵視、以及其他類型衝突發生的區域，都試圖處理這些問題，但這些差異無法藉由簡單的畫一條疆界線就可以輕易的解釋或解決。緩衝區的概念，意指那些政治地位缺乏獨特性的地區。緩衝區的設計是用來吸收原本相鄰之國家間產生的壓力，以此避免衝突波及這些國家本身[14]。在 1970 年代，當緩衝區用在民族國家範圍的機會減少時，緩衝區開始以一種領土化的戰略流行起來，用以抑制文明世界對於自然區域所造成的影響。

邊境，基本上，是因其藉由個體與制度的力量，製造並且不斷的再造而存在，而不是因法律行動而存在。如同疆界，一旦賦予其意義及價值的規則與慣例、討論與行動停止重製時，邊境也就不再存在了。不同於疆界，邊境在面積、外型、表面配置具有無定形的傾向，並且隨著自然、政治、經濟、社會，與文化發展複雜的整合與定義，在時間與空間上頻繁的改變。更確切地說，邊境的收縮與擴張反應了當地與非當地的作用。此外，多重邊境空間通常是存在的，可以同時或在不同的時空運作。而邊境也許會，也許不會與毗鄰的邊界重疊，例如柏林圍牆，有一個存在於牆兩邊可識別的邊境，雖然曾經盡力確保兩邊之間在實質上沒有任何互動。

---

[14] Kristof, Ladis K., "The nature of frontiers and boundaries," *Annals of the Association of American Geographers*, Vol.49, No.3 (1959), p.280.

到目前為止，我們對於如何製造以及再造疆界與邊境，以及社會結構在不同的時地與不同的範圍內對各種社會具有什麼意義，依然缺乏充分的知識基礎。但是，大量的文獻使我們可以瞭解有關疆界與邊境發展的狀況，並試以疆界與邊境的概念對本文的主題進行初步的研究。

第三節　本書章節安排與限制

本文作者認為俄羅斯邊界最近在形狀與性質上的變動是一個質性（qualitative nature）的問題。因此在研究方法上試著借用邊界這個三稜鏡來透視俄羅斯的內部疆界的安排、邊界問題、與境外的情勢。其次，為使讀者對俄羅斯與其鄰邦的歷史、地理和政治及文化背景有所瞭解，特闢第二章對俄羅斯的歷史、獨立國協成員國以及波羅的海三國的當前情勢做一概略之介紹。然後在第三章裡專就俄國歷史的空間層面和蘇聯的瓦解過程和原因稍做說明。在本書的主體部分，將俄羅斯現在的周邊地區分成西面、南圈和遠東三個部分共四個章節來討論它們所面對的情勢與遭遇的挑戰。西面部分包含了斯堪地那維亞半島、波羅的海三國、波蘭和新成立的白俄羅斯、烏克蘭與摩爾多瓦等國，隔著白令海峽相望的美國亦屬這一部分。南圈則分兩章論列，一為高加索與裡海地區，最為複雜；另一為中亞地區，亦為地緣政治之重心。俄羅斯的遠東地區目前較為穩定，且連結亞洲諸新興國家，將為俄羅斯之發展提供莫大之契機。最後在結論中討論俄羅斯及其周邊國家可做的選擇與未來的展望。

　　從蘇聯末期直到今天，俄羅斯國內的基本變遷的過程尚未完成。周邊的問題依然層出不窮。雖然筆者時時關注，盡力廣泛蒐集和閱覽最新的資訊，但是受限於時間和個人能力，許多資料仍有漏失不足之處，理論的探索仍須加強完備，這些缺陷將持續改善並將在修訂版加以補正。

　　另外兩個令人困擾的問題是應如何得到譯名的一致性和準確度。例如，俄羅斯總統普欽（Putin）的名字，依俄語發音（Путин），「普欽」應最近似俄語。但是許多報刊著述各有所好，如普亭、普廷、普京、普金、普丁等。作者的原則是在引用原著時不予更動，但在本文著作中則力求前後一致。還有一種情形是英俄文發音不同，故譯名亦異，但各自的接受度都很高，如格魯吉亞（俄文 Грузия）和喬治亞（Georgia）是同一個國家，但報刊多採用喬治亞之名，作者從眾，兩者兼納，不過，本文以俄文譯名為主。亞塞拜然（Azerbaijian）是另一例子，茲不贅述。其次，在中文譯意與原意之間也有一個準確度的問題，特別是在沒有適當的相對應中文詞彙時，例如 frontier，boundary，border 等字彙在中文裡應如何表達與區隔其意義才是正確？就此，筆者只能盡力在前後文中查考原意，以求得適當之中文意義，但個人學力仍有所不逮，敬請讀者先進惠予指正。

第二章　俄羅斯當前情勢

第一節　俄羅斯簡史

　　整體來說，俄羅斯的歷史可區分為六個時期，分別是九世紀中葉到十二世紀初的基輔羅斯時期、十三世紀中葉到十五世紀末期的蒙古統治時期、十五世紀末期到十七世紀初期的中央集權期、十七世紀初期到二十世紀初期的帝國時期、二十世紀初期到二十世紀末期的蘇共時期，與二十世紀末期展開的民主俄羅斯時期。

　　俄羅斯的祖先是東部斯拉夫的一支，西元九世紀，東斯拉夫人逐漸分化出若干部落。經過彼此的戰爭、併吞與征服，東斯拉夫民族逐漸形成若干強而有力的部落聯盟，並以此為基礎發展出公國，當時較大的東斯拉夫人公國有北方的諾夫哥羅德公國和南方的基輔公國。九世紀中葉，從北方斯堪地那維亞半島南下的諾曼人攻佔了斯模稜斯克與基輔兩地，建立了以基輔為中心都城的基輔公國，當時南方的東斯拉夫人被稱為「羅斯」，因此又叫「基輔羅斯」，基輔羅斯公國隨後亦不斷向外擴張，逐步建立一個相對其他小公國、部落聯盟或部落較強盛的封建國家，但隨著 1125 年基輔公國最後一位強而有力的統治者去世後，基輔公國完全瓦解，被一些獨立的小公國取代。

到了十三世紀初期，成吉思汗統一蒙古各部族，在完成南下大業，征服中國版圖的過程中，成吉思汗亦曾於西元 1219 年親率大軍進攻中亞地區，並於 1223 年，遣大將速不台繞黑海征服亞美尼亞、格魯吉亞與亞塞拜然，越過高加索山進入南俄草原，並在卡爾卡河畔大敗基輔大公率領的羅斯軍隊，佔領了伏爾加河東岸。西元 1240 年，成吉思汗之孫拔都攻佔基輔，1242 年，拔都揮軍攻打東歐，聞時任蒙古大汗的窩闊台去世而後撤，經黑海北岸退至伏爾加河下游，建撒萊為都城，號欽察汗，以後又分封數郡，建立欽察汗國，由此統治俄羅斯長達兩百餘年，蒙古大軍於此時期的野蠻搶劫與殘酷統治，使俄羅斯地區政治經濟長期停滯不前。

在十四到十五世紀之間，東北羅斯的經濟有所發展，當時，地處東北羅斯地區中心的俄羅斯公國，雖然和其他小公國一樣臣服於欽察汗國，但憑藉地理位置的優勢，其經濟發展日益繁榮。西元 1325 年，莫斯科大公伊凡即位，他領導的莫斯科公國不斷擴張，成為東北羅斯各王公的首領。西元 1462 年，莫斯科大公伊凡三世繼位後，逐步兼併周圍小公國，建立一個中央集權制的封建國家，西元 1478 年，伊凡三世襲殺欽察汗國使臣，並於 1480 年於烏格拉河畔戰勝欽察汗國軍隊，自此欽察汗國對俄羅斯的控制力開始崩潰，故 1480 年被視為俄羅斯從蒙古統治下解放之年，伊凡三世也因此登上沙皇寶座，掌握全國行政、司法與軍事大權。

伊凡三世建立了一支由服役貴族組成的強大軍隊，制訂了全俄羅斯統一的法典與高度集中的中央、地區行政管理制度，奠定了俄羅斯封建專制制度的基礎，伊凡三世時期也是俄羅斯開始向外擴張的年代，其子瓦西里三世最終完成統一大業，其後，此伊凡四世以殘酷手段強化中央集權，大幅削弱貴族權力、消滅封建割據、鎮壓

人民起義，並大規模的對外擴張，使喀山汗國、阿斯特拉罕汗國和西西伯利亞均歸併於俄羅斯版圖，故其亦被稱為莫斯科和全俄羅斯的大公，並自稱沙皇，還以第三羅馬帝國的繼承者自居。

1613年，米哈伊爾・羅曼諾夫繼任伊凡四世為沙皇，這標誌著留里克王朝七百多年歷史的終結與羅曼諾夫王朝三百餘年的統治開端。彼得一世（1682-1725）於1689年繼位，勵精圖治使俄羅斯成為一個強盛的國家，他在政治、經濟、軍事、文化和宗教等不同面向大力推行改革，建立參政院，大幅降低貴族勢力，並改革中央與地方行政管理制度，使教會完全服從於中央政權，並進一步發展伊凡三世時期形成的沙皇專制和中央集權制度。彼得大帝時期，沙俄繼續對外擴張，在西元1700年到1723年之間，先後進行了北方戰爭與對波斯與土耳其的戰爭。沙俄在此時期獲得了波羅地海海口，並建立了聖彼得堡，並定都於此，此時正式將國名定為「俄羅斯帝國」，成為歐洲列強之一，開始走上世界舞台。

葉卡潔琳娜二世期間，俄羅斯的帝國性質進一步強化，此時俄羅斯與普魯士、奧地利兩國合作，三次瓜分波蘭，原波蘭領土的三分之二劃歸俄國版圖，此時白俄羅斯與立陶宛亦成為帝俄的一部份。但更重要的是，帝俄的南向擴張政策在此時有了主要的成果，帝俄於此時打敗土耳其，兼併黑海北岸與克里米亞，打通黑海出海口；對內，葉氏則強化了專制統治，鎮壓了俄國歷史上最大的一次農民起義，即普加喬夫領導的1773年到1775年的起義，使此時期成為俄羅斯封建農奴制的鼎盛時期。

葉氏去世後，帝俄仍持續擴張政策，葉氏孫子亞歷山大一世透過一系列的戰爭併吞了芬蘭、格魯吉亞與亞塞拜然。1812年，拿破崙入侵俄羅斯，但俄國採取焦土政策，使拿破崙受挫剎羽而

歸，俄軍則在著名統帥庫圖佐夫的率領下攻入法國，俄國由此在1815 年的歐洲君主會議上，再將波蘭併入俄國領土，至此俄國成為維護歐洲封建統制的灘頭堡。尼古拉一世時，俄羅斯征服了中亞汗國、東北高加索、兼併東亞美尼亞和高加索的黑海沿岸，控制了黑海。

十九世紀後半，俄羅斯帝國在南部的擴張因 1853 年到 1856 年的克里米亞戰爭失敗而受挫，故其將擴張重點轉向東方，兼併中亞大片領土與中國約 150 萬平方公里的土地。至 1914 年，俄羅斯帝國的版圖達 2280 萬平方公里，其中 1700 萬平方公里是沙俄吞併擴張奪取的土地，一百多個民族在沙俄的殘酷統治下，列寧曾因此將沙俄稱為「各族人民的監獄」。

資本主義在十九世紀的俄羅斯有了很大的發展，同時反對沙皇封建專制的革命鬥爭亦於此時在俄國展開來，1825 年 12 月 14 日，聖彼得堡爆發後世名為「十二月黨人」的起義，目的在反對沙皇專制，其後在 1840 到 1850 年代之間，俄羅斯國內興起了革命民主主義運動，在此背景下，沙皇亞歷山大二世仍於 1861 年 2 月 19 日簽署了廢除農奴制的宣言和法令，規定農民可用贖金獲取人身自由，此後亞歷山大二世還建立了地方自治機構、改革司法機關、實行普遍的義務役兵制，沙俄在保留專制制度與貴族地主制的同時，資本主義亦獲得進一步發展，但亞歷山大二世卻在 1881 年 3 月遭民意黨人刺殺，此後沙俄專制開始走下坡。

西元 1905 年，帝俄在遠東的日俄戰爭中挫敗，引發國內革命，1914 年 7 月，俄國又捲入第一次世界大戰，與英法組成協約國參戰，但此時的俄國已極度腐朽，連年戰爭又激化內部矛盾，1917 年 2 月，聖彼得堡再次爆發反對沙皇專制的革命，起義者推翻了沙皇制度，

成立臨時革命政府，全俄羅斯各地紛紛成立群眾性的政權機關蘇維埃，就此終結羅曼諾夫王朝長達三百餘年的統治。

1917 年 2 月革命活動暫時告一段落後，俄羅斯社會發展進入了一個非常時期，國內出現了兩個政權並存的分裂局面，一是資產階級的臨時政府，另一個是蘇維埃人民代表大會。同年 11 月 7 日，列寧領導的布爾什維克黨發動軍事政變，推翻臨時政府，並於蘇維埃第二次代表大會並於同時宣佈全部政權歸於蘇維埃，成立蘇俄政府，蘇維埃人民委員會，即蘇俄政府。此時雖被視為蘇俄時期的起點，但一直要到 1918 年到 1920 年之間的國內戰爭和反對帝國主義的武裝干涉結束後，蘇俄政府方得到鞏固政權。

1922 年 12 月，在原俄羅斯帝國版圖的基礎上，蘇俄成立了以蘇維埃俄國為核心的國家聯盟：蘇維埃社會主義共和國聯盟，簡稱蘇聯。1924 年 1 月，蘇俄的主要推手列寧去世，史達林接班。在 1920 到 1930 年代之間，蘇俄大力推行工業現代化，且成效斐然，在此期間，蘇俄不但成為工業化強國，其產值更超越英法德，躍居歐洲第一位，並僅次於美國成為世界第二位，但在此過程中，史達林推行大規模的集體化運動，實際上是用各種行政的強迫方式讓農民加入集體農場，強行剝奪地主和富農的財產，甚至將之視為消滅對象，嚴重迫害農民，致使俄羅斯農業發展停佇不前。

幾乎在蘇聯工業現代化快速發展的同時，蘇俄亦在政治上發動大規模的清洗運動，1927 到 1938 年之間，史達林依靠國家政治安全機關，先後把蘇俄立國時期的重要領導人，例如：托洛斯基、季諾維也夫、迦米涅夫、布哈林、李科夫等人以「人民公敵」或「外國間諜」等莫須有罪名處決，或驅逐出境。此時期至少有數百萬人死於非命，或被關進集中營或監獄，成為俄羅斯史上最黑暗的一頁。

　　雖然蘇俄是社會主義國家，但其仍秉持沙皇時代的對外擴張政策，蘇俄參與第二次世界大戰的初始動機雖原為反對法西斯德國的需要，但也有其對外擴張的圖謀在內，1939 年 8 月，蘇俄與德國簽訂了蘇德互不侵犯條約，並達成出兵波蘭的秘密協議，同年 9 月，蘇聯軍隊向波蘭進軍，佔領當時屬於波蘭的西白俄羅斯和西烏克蘭地區，次年 11 月，蘇俄又發動對芬蘭的戰爭。1941 年 6 月，迫使羅馬尼亞將比薩拉比亞和北布科納劃歸蘇聯，並於同年強行將波羅的海三小國併入蘇聯領土。

　　1941 年 6 月 22 日，希特勒下令德軍進攻蘇聯，使紅軍遭受重大傷亡，蘇聯史上的衛國戰爭自始展開，並成立以史達林為首的國防委員會與最高統帥部大本營。在朱可夫等著名將帥的指揮下，紅軍先後贏得莫斯科保衛戰、列寧格勒（聖彼得堡）保衛戰與史達林格勒戰役，並於 1949 年全線反擊，收復蘇聯原有境內領土，並進一步揮軍東歐。

　　史達林於 1953 年去世，赫魯雪夫成為蘇聯的最高領導人，並在 1956 年嚴厲批判對史達林的個人迷信與崇拜，力圖藉此樹立自身政治權威。赫魯雪夫主政時期，一方面試圖與西方國家改善關係，另一方面則大力發展軍事工業，使蘇聯成為世界的經濟軍事強國。1964 年 10 月，蘇聯上層再度爆發宮廷政變，赫魯雪夫被其提拔的勃列日涅夫擊敗，黯然下野。

　　在勃列日涅夫當政的時代，蘇聯的社會政治相對穩定，經濟發展也較快速，到了 1970 年代，蘇聯已是一個可與美國在軍事上相抗衡的超級大國，但此特色也決定了冷戰時期的兩極陣營對立的最大特色，亦即代理人戰爭不斷，但雙方從未直接爆發軍事衝突。蘇聯此時亦採取積極擴張的對外政策，除在 1978 年入侵阿富汗外，

更持續培植古巴、衣索比亞與安哥拉等國，採取對美國抗衡的政策；而在國內，蘇俄的一黨專制也呈現俄羅斯史上高度中央集權的特色，帝俄時代的中央高度極權制度與官僚制度也獲得進一步發展。

但到了 1980 年代初期，蘇俄實際上步入了老人政治，陷入保守主義和惰性的泥淖。雖然蘇俄在 1970 年代末期與 80 年代初期達到其帝國勢力的最高峰，但卻自此急轉直下，步入衰弱與瓦解時期。1982 年 11 月，接替勃列日涅夫職務的安德羅波夫試圖為衰敗的蘇俄注入新活力，推動諸多政治革新，例如嚴懲貪污腐敗者，試圖重新整治官僚紀律與社會秩序，其做法一度使蘇聯社會出現一絲新氣象，但由於安德羅波夫僅執政十三個月就病逝，他的改革成為蘇聯的迴光反照。

不幸的是，接替安德羅波夫的契爾年科再度證明了當時蘇俄政治體制的腐朽與荒唐，他尚未來得及提出相應的改革政策便與世長辭。1985 年 3 月，年僅 54 歲的戈巴契夫接替契爾年科之職，成為蘇聯的最高領導人。戈巴契夫秉持赫魯雪夫與安德羅波夫的改革思想，在蘇聯各地推行政治經濟改革，由此引發了蘇聯社會的政治大動盪，而長期累積的各種矛盾更如火山爆發般，摧毀了蘇俄在社會主義的意識型態基礎上建構的各種政治、經濟、文化與民族關係的制度，社會全面失序，曾經左右世界大局的蘇維埃俄國終於在 1990 年至 1991 年底突然解體。

在前蘇聯步入歷史之前，俄羅斯實際上是以蘇聯的面目出現，失去了俄羅斯本身的獨立性質。1990 年 5 月，葉爾欽當選俄羅斯聯邦最高蘇維埃主席職務後，打出了俄羅斯主權的旗幟向中央宣戰，同年 6 月 12 日，俄羅斯聯邦人民代表大會通過了關於俄羅斯

聯邦國家主權的宣言，宣布俄羅斯為一個主權國家，俄羅斯憲法和法律高於蘇聯的憲法與法律，在俄羅斯境內至高無上，並保留自由退出蘇聯的權利，這是共產蘇俄向民主俄羅斯轉變的標誌，這一天後來被訂為俄羅斯的「獨立日」。其後，1991 年的「八一九事變」實際上完全摧毀了蘇聯的中央機構，俄羅斯也成為一個完全獨立的國家。在此過程中，俄羅斯的社會政治經濟制度也發生了根本的變化，多黨制取代了共產黨的一黨制，私有制替公有制逐漸成為經濟主體，市場經濟取代了計畫經濟，蘇維埃俄國開啟轉化為西方社會的大門，逐步向民主俄羅斯邁進。（俄羅斯簡史年表如表 2-1 所示）

表 2-1　俄羅斯簡史

分期	時代（A.D.）	事　　　件
一、基輔羅斯時期	862	留里克（Rurik）王朝，諾夫哥羅德（Novgorod）的統治者
	988	佛拉吉米爾一世（Vladimkir I）接受基督教
	1019-1054	智者雅羅斯拉夫（Yaroslav the Wise）在位期間
	1054	天主教與東正教分裂
	1147	莫斯科建城
	1226	聖法朗西斯（St. Francis）去世
二、蒙古統治時期	1240	韃靼佔領基輔（Kiev）
	1533-1584	恐怖伊凡（Ivan IV the Terrible）統治期間
	1581	葉爾馬克（Yermak）首次進入西伯利亞探險
	1604	杌隉時期（Time of Troubles）開始（亦稱混亂時期）

三、中央集權時期	1613	羅曼諾夫（Romanov）王朝開始
	1617	俄國人到達葉尼塞河（Yenisei River）上游
	1632	俄國人到達勒納河（Lena River）
	1637	俄國人到達西伯利亞的太平洋岸
	1637	莫斯科成立「西伯利亞部」
	1654-1656	俄羅斯教會分裂
四、帝國時期	1667-1671	拉辛（Stenka Razin）領導農民叛亂
	1682-1725	彼得大帝（Peter I the Great）統治期間
	1700-1721	大北方戰爭（Great Northern War）
	1713	聖彼得堡成為俄羅斯首都
	1762-1796	凱薩琳大帝（Catherine II the great）統治期間
	1772-1774	普加喬夫（Pugachev）叛亂
	1787-1792	俄土戰爭
	1809	俄美建立外交關係
	1812	拿破崙入侵俄國
	1814	俄軍佔領巴黎
	1825	十二月黨人起義
	1861	解放農奴
	1869	馬克斯著資本論
	1871	巴黎公社起義
	1891-1903	建造西伯利亞鐵路
	1904-1905	日俄戰爭
	1914-1918	爆發第一次世界大戰
	1917	二月革命，沙皇尼古拉二世遜位，成立臨時政府
五、蘇共時期	1917	列寧領導布爾什維克（Bolshevik）十月革命，推翻克倫斯基（Kerensky）的臨時政府
	1918-1920	內戰
	1919	第三國際成立
	1922	蘇聯（U.S.S.R.）成立
	1924	列寧去世

	1933	美國承認蘇聯
	1939-1945	爆發第二次世界大戰
	1941-1953	史達林時代
	1948-1949	封鎖柏林
	1957	蘇聯發射人造衛星
	1958-1964	赫魯雪夫（Khrushchev）時代
	1962	爆發古巴飛彈危機
	1964	赫魯雪夫被黜
	1966-1982	布里茲涅夫（Brezhnev）時代
	1982-1984	Andropov 時代
	1984-1985	Chernenko 時代
	1985-1991	戈巴契夫（Gorbachev）時代
	1989	蘇聯（CCCP）第一次人民代表大會開始國家政治體制改革
	1990	蘇俄（PCФCP）各自治共和國與地區蘇維埃舉行人民代表選舉
	1990	蘇聯第三次人民代表大會選舉戈巴契夫為蘇聯總統
六、民主俄羅斯時期	1991	全民投票選舉葉爾欽為俄羅斯總統
	1991	前蘇聯保守勢力發動 819 政變，解除戈巴契夫職務，葉爾欽反擊，成功鎮壓保守勢力
	1991	蘇俄第五次人民代表大會，國家社會政治體制發生實質轉變。5 月，修憲設立總統職位。6 月，葉爾欽獲選為總統。
	1991	蘇俄第五次人民代表大會（第二工作階段），通過激進經濟改革的基本原則並賦予蘇俄總統特別權力
	1991	白俄羅斯、俄羅斯聯邦與烏克蘭三國領袖於明斯克附近小鎮簽訂協議，宣布取消蘇聯，創立獨立國協。
	1992	俄羅斯簽署聯邦條約
	1993	莫斯科爆發流血衝突，衝擊蘇維埃議會大廈。新憲法通過，廢蘇維埃體制。
	1994	俄羅斯政治與社會勢力簽署「共識決議」

	1994	盧布崩盤引發政治危機
	1995	俄羅斯國會大選，共黨領先
	1996	俄羅斯首次舉行總統直選，葉爾欽當選連任
	1999	葉爾欽辭職，普欽代理總統
	2000	俄羅斯再次舉行總統直選，普欽當選並宣誓就職
	2000.5.13	普欽簽署總統令，確認總統駐七個聯邦區的全權代表制度[1]
	2004	普欽當選連任

資料來源：作者參考俄國史及相關著作自製

第二節　獨立國協與波羅的海諸國之天然地理條件

一、地理形勢：千里貧寒之地？

　　由於地處高緯，俄羅斯的領土雖廣，但實際可居住地或可耕作地的比率卻非常低，在包括波羅的海三小國在內的前蘇聯成員國中，灌溉地比率最高的國家為摩爾多瓦，其次為立陶宛、白俄羅斯、亞塞拜然，其中前蘇聯最重要的國家俄羅斯僅有 717% 的灌溉地與不到 1% 的可種植長期作物之地，灌溉地比率在 15% 以下的有俄羅斯、塔吉克斯坦、吉爾吉斯斯坦、哈薩克斯坦、土庫曼斯坦、烏茲別克

---

[1]　七個聯邦區是：中部聯邦區、西北聯邦區、南部聯邦區、伏爾加河沿岸聯邦區、烏拉爾聯邦區、西伯利亞聯邦區、遠東聯邦區。全權代表制使總統得以加強對各地區的垂直領導。劉向文，俄國政府與政治。台北：五南，2002。頁 100-121。

斯坦、格魯吉亞與愛沙尼亞等 8 國。(前蘇聯 15 個成員國的土地使用率如表 2-2 所示)

　　換言之,從土地的使用比率來看,包括波羅的海諸國在內的 15 個前蘇聯成員國的天然環境著實不佳,相對來說,波羅的海諸國的天然環境甚至優於其他 12 個國家。

表 2-2　前蘇聯成員國土地使用比率(2005 年)

國　名	灌溉地(%)	可種植長期作物之地(%)	其他(%)
俄羅斯	7.17	0.11	92.72
白俄羅斯	26.77	0.6	72.63
烏克蘭	53.8	1.5	44.7
摩爾多瓦	54.52	8.81	33.67
亞美尼亞	16.78	2.01	81.21
亞塞拜然	20.62	2.61	76.77
塔吉克斯坦	6.52	0.89	92.59
吉爾吉斯斯坦	6.55	0.28	93.17
哈薩克斯坦	8.28	0.05	91.67
烏茲別克斯坦	10.51	0.76	88.73
土庫曼斯坦	4.51	0.14	95.35
格魯吉亞	11.51	3.79	84.7
愛沙尼亞	12.05	0.35	87.6
立陶宛	44.81	0.9	54.29
拉特維亞	28.19	0.45	71.36

資料來源:作者依美國中央情報局(Central Intelligence Agency, CIA)網站資料庫 World Fact Books 整理,

詳　　見:https://www.cia.gov/library/publications/the-world-factbook/

　　其次，從前蘇聯國諸國的地理環境來看，包括白俄羅斯（Belarus）、摩爾多瓦（Moldova）、亞美尼亞（Almenia）、亞塞拜然（Azerbaijan）、塔吉克斯坦（Tajikistan）、吉爾吉斯斯坦（Kyrgystan）、哈薩克斯坦（Kazakhstan）、烏茲別克斯坦（Uzbekistan）、土庫曼斯坦（Turkmenistan）等九國在內的前蘇聯成員國均為內陸國，其中哈薩克斯坦、烏茲別克斯坦與土庫曼斯坦三國雖與裏海或阿拉伯海毗連，[2]但三國仍缺乏直接出海口，而其他瀕臨海岸線的國家，其出海口多半長年冰封，此亦為俄羅斯帝國發動克里米亞戰爭與南向侵略中國，奪取海參威之故。

　　此外，俄羅斯與烏克蘭、格魯吉亞與拉特維亞三國雖劃定 200 海哩的專屬海洋經濟區（exclusive economic zone），但俄國的專屬海洋經濟區不但多位於高緯度地區，更多為長年冰封、經濟利益相對較低之處，唯一的優勢恐僅在於藉此將勢力延伸進入北極圈。而愛沙尼亞的專屬海洋經濟區更需與鄰國協調，無法劃定一定範圍或距離的專屬海洋經濟區。

---

[2]　哈薩克斯坦瀕臨阿拉渤海的海岸線共 1,070 公里，瀕臨裏海的海岸線共 1,894 公里；烏茲別克斯坦南端在阿拉伯海約有 420 公里的海岸線；土庫曼斯坦亦僅瀕臨裏海，海岸線共 1,768 公里。

表 2-3　前蘇聯成員國之領土大小與海岸線長度

國　　名	領土大小 （單位：平方公里）	海岸線長度 （單位：公里）	領海權 （單位：海浬）	專屬海洋經濟區 （單位：海浬）
俄羅斯	17,075,200	37,653	12	200
白俄羅斯	207,600	內陸國	內陸國	內陸國
烏克蘭	603,700	2,782	12	200
摩爾多瓦	33,843	內陸國	內陸國	內陸國
亞美尼亞	29,800	內陸國	內陸國	內陸國
亞塞拜然	86,600	內陸國	內陸國	內陸國
塔吉克斯坦	143,100	內陸國	內陸國	內陸國
吉爾吉斯斯坦	198,500	內陸國	內陸國	內陸國
哈薩克斯坦	2,717,300	內陸國	內陸國	內陸國
烏茲別克斯坦	447,400	內陸國	內陸國	內陸國
土庫曼斯坦	488,100	內陸國	內陸國	內陸國
格魯吉亞	69,700	310	12	200
愛沙尼亞	45,226	3,794	12	需與鄰國協調
立陶宛	65,200	90	12	N/A
拉特維亞	64,589	531	12	200

資料來源：作者依相關資料整理

二、鄰國與邊界：東西綿延、邊疆萬里

無論是前蘇聯或是其後的獨立國協，兩者幅員均相當廣大，相對來說，其邊緣的鄰國亦相當眾多，俄羅斯共計有 14 個鄰國，其中包括烏克蘭、波蘭、挪威、蒙古、立陶宛、拉特維亞、北韓、哈薩克斯坦、格魯吉亞、芬蘭、愛沙尼亞、中華人民共和國、白俄羅斯與亞塞拜然等 14 個鄰國，其中俄羅斯與立陶宛與波蘭的連接地為加里寧格勒州（Kaliningrad Oblast）。

此外，支離破碎亦為前蘇聯成員國領土的特色之一，例如加里寧格勒州雖為俄羅斯轄下領土，但其與俄羅斯本土並不相接，其乃位於立陶宛西岸，既非離島，亦不與本土相接；除此之外，亞塞拜然亦有一處名為納希切萬（Naxcivan）的類似領土，位於亞美尼亞與伊朗交界處。

這樣的特色應與前蘇聯的突然崩解與獨立國協的創立有關，簡言之，獨立國協的創立雖未能徹底解決因蘇聯崩潰而來的諸多包括邊界與軍事問題在內等高階政治議題，但其在獨立國協的草創過程中，其將原本的行政邊界提昇為國際邊界，造成了獨特的「雙重邊界」，雖然暫時解決了前蘇聯崩解後，可能因成員國各佔山頭、自立為王而帶來的衝擊，但也造就了獨立國協境內某些看似弔詭的疆域安排。

表 2-4　獨立國協各成員國與波羅的海三小國之鄰國與邊界長度

國　　名	國界長度 （單位：公里）	鄰　　國	邊界長度 （單位：公里）
俄羅斯	20,096.5	亞塞拜然	284
		白俄羅斯	959
		中華人民共和國	3,645
		愛沙尼亞	294
		芬蘭	1,340
		格魯吉亞	723
		哈薩克斯坦	6,846
		北韓	19
		拉特維亞	217
		立陶宛（連接處為加里寧格勒州）	280.5
		蒙古	3,485
		挪威	196
		波蘭（連接處為加里寧格勒州）	232
		烏克蘭	1,576
白俄羅斯	2,900	拉特維亞	141
		立陶宛	502
		波蘭	407
		俄羅斯	959
		烏克蘭	891
烏克蘭	4,663	白俄羅斯	891
		匈牙利	103
		摩爾多瓦	939
		波蘭	526
		羅馬尼亞	531
		俄羅斯	1,576
		斯洛伐克	97

摩爾多瓦	1,389	羅馬尼亞	450
		烏克蘭	939
亞美尼亞	1,254	亞塞拜然	566
		亞塞拜然 （連接處為 Naxcivan 飛地）	221
		格魯吉亞	164
		伊朗	35
		土耳其	268
亞塞拜然	2,013	亞美尼亞	566
		亞美尼亞 （連接處為 Naxcivan exclave）	221
		格魯吉亞	322
		伊朗	432
		伊朗 （連接處為 Naxcivan exclave）	179
		俄羅斯	284
		土耳其	9
塔吉克斯坦	3,651	阿富汗	1,206
		中華人民共和國	414
		吉爾吉斯斯坦	870
		烏茲別克斯坦	1,161
吉爾吉斯斯坦	3,878	中華人民共和國	858
		哈薩克斯坦	1,051
		塔吉克斯坦	870
		烏茲別克斯坦	1,099
哈薩克斯坦斯坦	12,012	中華人民共和國	1,533
		吉爾吉斯斯坦	1,051
		俄羅斯	6,846
		土庫曼斯坦	379
		烏茲別克斯坦	2,203

		阿富汗	137
烏茲別克斯坦	6,221	哈薩克斯坦	2,203
		吉爾吉斯斯坦	1,099
		塔吉克斯坦	1,161
		土庫曼斯坦	1,621
土庫曼斯坦	3,736	阿富汗	744
		伊朗	992
		哈薩克斯坦	379
		烏茲別克斯坦	1,621
格魯吉亞	1,461	亞美尼亞	164
		亞塞拜然	322
		俄羅斯	723
		土耳其	252
愛沙尼亞	633	拉特維亞	339
		俄羅斯	294
立陶宛	1,613	白俄羅斯	653.5
		拉特維亞	588
		波蘭	103.7
		俄羅斯	267.8
拉特維亞	1,368	白俄羅斯	167
		愛沙尼亞	343
		立陶宛	576
		俄羅斯	282

資料來源：作者依相關資料整理而成

三、天然資源：鳳凰再起的關鍵？

咸論近年由於中國大陸對天然資源的需求孔急，而造成國際油價與礦物價格大幅飆漲，而在這個背景之下，蘊藏豐富天然資源的獨立國協自然尋得其東山再起的可能性。整體來說，由於獨立國協的地層古老，且由於天然環境惡劣之故，早年未能積極開發既有天然資源，此時其各成員國境內蘊藏的豐富天然資源，看似將成為其經濟成長的重要引擎。

表 2-5 為獨立國協各成員國蘊藏礦物的概況，可見的是，獨立國協各成員國蘊藏的天然資源包含不少貴重金屬或戰略物資，例如黃金、鈦、鐵礦、鋅、銅等，其中除亞美尼亞外，其餘國家或多或少均有蘊藏石油，或以油頁岩方式儲存的原油與天然氣，亦即在目前全球逐漸掀起能源恐慌的情形下，獨立國協成員國憑藉其天然資源的優勢，反倒不必擔心原油輸入的問題。

表 2-5　獨立國協各成員國蘊藏之天然資源概況

國　名	金屬礦物	能　源	其　他
俄羅斯	鐵、錳、黃金、鈦、鉛、銅、鋅、鎳	石油、天然氣、煤礦	鑽石
白俄羅斯	無	泥碳、原油	森林、花崗石、含鎂石灰岩、泥灰土、白堊、黏土
烏克蘭	鐵礦、錳、鈦、鎂、鎳	天然氣、原油、石墨、煤礦	瓷土、汞、木材、鉀鹽、硫磺
摩爾多瓦	無	褐煤	磷輝石、石膏、石灰岩
格魯吉亞	錳、鐵礦、銅、煤礦	原油	木材、水力
亞塞拜然	鐵礦、非鐵金屬、鐵鋁氧石	石油、天然氣	無
亞美尼亞	黃金、銅、鉬、鋅、鐵鋁氧石	無	無
塔吉克斯坦	汞、煤礦、鉛、鋅、銻、鎢、銀、黃金	水力、石油、鈾	無
吉爾吉斯斯坦	黃金、汞、鉍、鉛、鋅	煤礦、原油、水力、天然氣	霞石
哈薩克斯坦	鐵礦、錳、鉻、鎳、鈷、銅、鉬、鉛、鋅、鐵鋁氧石、黃金、鈾	石油、天然氣、煤礦	無
烏茲別克斯坦	黃金、銀、銅、鉛鋅、鎢、鉬	天然氣、石油、煤礦、鈾	無
土庫曼斯坦	無	石油、天然氣	硫磺、鹽

資料來源：作者依相關資料自行整理

　　扣除以油頁岩方式儲存原油的國家，以石油蘊藏含量相對較豐富、品質也較佳的俄羅斯、亞塞拜然、土庫曼斯坦、烏茲別克斯坦與哈薩克斯坦為例，這五個國家的石油蘊藏量以俄羅斯居首，佔全球 6.2%，且年產量佔全球 12.1%，哈薩克斯坦的蘊藏量僅次於俄羅斯，亦佔全球已探明儲量的 3.3%。（獨立國協產油國之油藏儲量與年產量如表 2-6 所示）

表 2-6　獨立國協產油國之石油儲量與年產量（2005）

國　　　家	已知儲量（千百萬噸）		年產量（百萬噸）	
	蘊藏量	全球比例	產量	全球比例
俄羅斯	74.4	6.2%	470	12.1%
亞塞拜然	7.0	0.6%	22.4	0.6%
土庫曼斯坦	0.5	-	9.5	0.2%
烏茲別克斯坦	0.6	-	5.5	0.1%
哈薩克斯坦	39.6	3.3%	63.0	1.6%
總　　　計	122.1	10.1%	570.4	14.60%

資料來源：British Petroleum (BP), "Quantifying Energy: BP Statistical Review of World Energy," (June 2005) available on: http://www.bp.com/liveassets/bp_internet/globalbp/globalbp_uk_english /reports_and_publications/statistical_energy_review_2006/STAGING/lo cal_assets/downloads/spreadsheets/statistical_review_full_report_workb ook_2006.xls

　　除此之外，更驚人的是這些國家，特別是俄羅斯的天然氣儲存量，佔目前全球已探明儲量的 26.6%，而僅俄羅斯、亞塞拜然、土庫曼斯坦、烏茲別克斯坦、哈薩克斯坦等五國的天然氣蘊藏量，就佔全球已探明儲量的 31.30%，年產量更戰 20.80%；在年產量中，

俄羅斯的年產量更佔全球年產量的 17.7%，無疑在當前需求孔急的
天然氣或石油市場中佔有一席之地。

表 2-7　獨立國協產油國之天然氣儲量與年產量（2005）

國　　　家	已知儲量（千百立方公尺）		年產量（百萬噸）	
	蘊藏量	全球比例	產量	全球比例
俄羅斯	47.82	26.6%	405.1	17.7%
亞塞拜然	1.37	0.8%	8.8	0.3%
土庫曼斯坦	2.90	1.6%	16.6	0.6%
烏茲別克斯坦	1.11	0.6%	44.0	1.6%
哈薩克斯坦	3.00	1.7%	17.8	0.6%
總　　　計	56.2	31.30%	492.3	20.80%

資料來源：British Petroleum (BP), "Quantifying Energy: BP Statistical Review of
World Energy," (June 2005) available on:
http://www.bp.com/liveassets/bp_internet/globalbp/globalbp_uk_english
/reports_and_publications/statistical_energy_review_2006/STAGING/lo
cal_assets/downloads/spreadsheets/statistical_review_full_report_workb
ook_2006.xls

第三節　獨立國協與波羅的海諸國之人文政治面貌

一、族群宗教問題：衝突的根源？

從俄羅斯帝國的歷史來看，俄羅斯帝國歷年的擴張政策雖使其領土快速擴張，但亦種下其境內族群問題複雜的後遺症，在前蘇聯15 個成員國中，除立陶宛與土庫曼斯坦外，其餘時三個前蘇聯成員國境內至少都有五個以上的不同民族，其中摩爾多瓦境內曾爆發斯拉夫族裔衝突、亞塞拜然境內的亞美尼亞人亦多居住於特定地區，其他族群難以進入。

但或許是不幸中的大幸，前蘇聯成員國境內的民族種類雖多，但多半有一個民族處於絕對多數，例如俄羅斯人之於俄羅斯、土庫曼人之於土庫曼斯坦，但與其將此原因歸咎為不幸中的大幸，不如將其形成原因歸結為歷史的必然性。

無論是俄羅斯帝國或前蘇聯，兩者雖均奉行積極的向外擴張策略，但其對征服國家的態度卻是異常寬容，其雖以武力征服其他公國或國家，但其卻仍保留被征服國的國名或種族名稱，以示被征服者不是因為俄羅斯帝國或前蘇聯的武力征服而加入，而是因為仰慕俄羅斯帝國或前蘇聯的國力，願意主動加入，俄羅斯帝國或前蘇聯採取這樣的作法或許源於維護國家形象的考量，但卻付出了原本國內各民族或其成員國對中央缺乏向心力的代價。換言之，無論是俄羅斯帝國境內的各民族，還是前蘇聯的各成員國，其對原本在其之上的行為者或架構並無認同感，自然無法進一步塑造雙方更緊密的情感或血緣羈絆，故在前蘇聯突然崩解的時候，原本各民族或各成

員國的國家意識與民族主義便趁機再起，除強調自身主體性外，更趁機揮舞建國的旗幟。

表 2-8　前蘇聯成員國境內族群類別與組成比例

國　名 （調查時間）	人口總數*	族　群	百分比
俄羅斯 （2002 census）	141,377,752	俄羅斯人	79.8%
		韃靼人	3.8%
		烏克蘭人	2%
		巴什基爾人（Bashkir）	1.2%
		楚瓦什人	1.1%
		其他或未確定	12.1%
白俄羅斯 （1999 census）	9,724,723	白俄羅斯人	81.2%
		俄羅斯人	11.4%
		波蘭人	3.9%
		烏克蘭人	2.4%
		其他	1.1%
烏克蘭 （2001 census）	46,299,862	烏克蘭人	77.8%
		俄羅斯人	17.3%
		白俄羅斯人	0.6%
		摩爾多瓦人	0.5%
		克里米亞韃靼人	0.5%
		保加利亞人	0.4%
		匈牙利人	0.3%
		羅馬尼亞人	0.3%
		波蘭人	0.3%
		猶太人	0.2%
		其他	1.8%

摩爾多瓦 （2004 census）	4,320,490	摩爾多瓦人／羅馬尼亞人	78.2%
		烏克蘭人	8.4%
		俄羅斯人	5.8%
		嘎嘎烏茲人（Gagauz）	4.4%
		保加利亞人	1.9%
		其他	1.3%
亞美尼亞 （2001 census）	2,971,650	亞美尼亞人	97.9%
		亞齊德人（Yezidi）	1.3%
		俄羅斯人	0.5%
		其他	0.3%
亞塞拜然 （1999 census）	8,120,247	亞塞拜然人	90.6%
		達吉斯坦人（Dagestani）	2.2%
		俄羅斯人	1.8%
		亞美尼亞人	1.5%
		其他	3.9%
塔吉克斯坦 （2000 census）	7,076,598	塔吉克人	79.9%
		烏茲別克人	15.3%
		俄羅斯人	1.1%
		吉爾吉斯人	1.1%
		其他	2.6%
吉爾吉斯斯坦 （1999 census）	5,284,149	吉爾吉斯人	64.9%
		烏茲別克人	13.8%
		俄羅斯人	12.5%
		東干人（Dungan）	1.1%
		烏克蘭人	1%
		維吾爾人（Uygur）	1%
		其他	5.7%

		哈薩克人	53.4%
哈薩克斯坦 （1999 census）	15,284,929	俄羅斯人	30%
		烏克蘭人	3.7%
		烏茲別克人	2.5%
		德國人	2.4%
		韃靼人	1.7%
		維吾爾人（Uygur）	1.4%
		其他	4.9%
烏茲別克斯坦 （1996 est.）	27,780,059	烏茲別克人	80%
		俄羅斯人	5.5%
		塔吉克人	5%
		哈薩克人	3%
		卡拉卡爾帕克人 （Karakalpak）	2.5%
		韃靼人	1.5%
		其他	2.5%
土庫曼斯坦 （2003）	5,097,028	土庫曼人	85%
		烏茲別克人	5%
		俄羅斯人	4%
		其他	6%
格魯吉亞 （2002 census）	4,646,003	格魯吉亞人	83.8%
		亞塞拜然人	6.5%
		亞美尼亞人	5.7%
		俄羅斯人	1.5%
		其他	2.5%
愛沙尼亞 （2000 census）	1,315,912	愛沙尼亞人	67.9%
		俄羅斯人	25.6%
		烏克蘭人	2.1%
		白俄羅斯人	1.3%

		芬蘭人	0.9%
		其他	2.2%
立陶宛 （2001 census）	3,575,439	立陶宛人	83.4%
		波蘭人	6.7%
		俄羅斯人	6.3%
		其他或未確定	3.6%
拉特維亞 （2002）	2,259,810	拉特維亞人	57.7%
		俄羅斯人	29.6%
		白俄羅斯人	4.1%
		烏克蘭人	2.7%
		波蘭人	2.5%
		立陶宛人	1.4%
		其他	2%

* 調查時間為 2007 年 7 月。

資料來源：作者依美國中央情報局（Central Intelligence Agency, CIA）網站資料庫
　　　　　World Fact Books 整理，

詳　　見：https://www.cia.gov/library/publications/the-world-factbook/

　　而獨立國協成員國境內除族裔分佈複雜的情況外，其宗教問題
更較族裔問題複雜許多，此除肇因於俄羅斯帝國或前蘇聯境內族群
分立之外，更大的原因在於基督教文明史上歷次的宗教改革，與俄
羅斯帝國曾視已為東正教的領袖之故。簡單統計，包括波羅的海諸
國在內等前蘇聯成員國中，共有 18 種對基督教文明採不同認知的宗
教派系。[3]

---

[3] 這 18 種宗教分別為：俄羅斯東正教、天主教、猶太教、烏克蘭東正教（隸
　屬基輔教會）、烏克蘭東正教（隸屬莫斯科教會）、烏克蘭希臘天主教、烏克
　蘭獨立的東正教會、浸禮會、亞美尼亞天主教、亞塞拜然東正教、羅馬教廷
　轄下的亞美尼亞、馬丁路德教派、衛理公會、七日耶穌復生者、羅馬基督教、
　聖靈降臨教派、羅馬天主教與一般的基督教。

　　除泛屬基督教文明的宗教之外，位居中亞的獨立國協成員國包括亞塞拜然、塔吉克斯坦、吉爾吉斯斯坦、哈薩克斯坦、烏茲別克斯坦、土庫曼斯坦在內等六個國家的信仰均以回教為主，其中塔吉克斯坦與烏茲別克斯坦境內分別有遜尼派與什葉派教徒，不啻為其境內原已相當複雜的種族情勢多添上一個新的變數，例如哈薩克斯坦境內除以信奉回教為主外，其境內人口約有 1.4%為維吾爾族，容易成為在 2002 年 9 月 11 日被聯合國定義為恐怖組織的東突厥斯坦解放組織活動與滋生勢力的溫床。

表 2-9　前蘇聯境內各成員國之宗教信仰種類與百分比

國　名 （調查時間）	宗　教	百分比 （佔全部人口百分比）
俄羅斯 （2006 est.）	俄羅斯東正教	15-20%
	回教	10-15%
	其他天主教徒	2%
白俄羅斯 （1997 est.）	東正教	80%
	其他（包括俄羅斯東正教、回教、猶太教與新教徒）	20%
烏克蘭 （2004 est.）	烏克蘭東正教（基輔教會）	19%
	東正教（未受特別管轄）	16%
	烏克蘭東正教（莫斯科教會）	9%
	烏克蘭希臘天主教	6%
	烏克蘭獨立的東正教會	1.7%
	新教、猶太教與無信仰者	38%
摩爾多瓦 （2000）	東正教	98%
	猶太教	1.5%
	浸禮會與其他	0.5%

亞美尼亞	亞美尼亞天主教	94.7%
	其他基督教	4%
	亞齊德教派 （Yezidi，信仰自然元素的一神教）	1.3%
亞塞拜然 （1995 est.）	回教	93.4%
	俄羅斯東正教	2.5%
	亞塞拜然東正教	2.3%
	其他	1.8%
塔吉克斯坦 （2003 est.）	遜尼派回教	85%
	什葉派回教	5%
	其他	10%
吉爾吉斯斯坦	回教	75%
	俄羅斯東正教	20%
	其他	5%
哈薩克斯坦	回教	47%
	俄羅斯東正教	44%
	新教	2%
	其他	7%
烏茲別克斯坦	回教（多為遜尼派）	88%
	東正教	9%
	其他	3%
土庫曼斯坦	回教	89%
	東正教	9%
	未知	2%
格魯吉亞 （2002 census）	東正教系統的基督教	83.9%
	回教	9.9%
	羅馬教廷轄下的亞美尼亞派系 （Armenian-Gregorian）	3.9%
	天主教	0.8%
	其他	0.8%
	無信仰	0.7%

愛沙尼亞 （2000 census）	馬丁路德教派	13.6%
	東正教	12.8%
	其他基督教徒（包括衛理公會、七日耶穌復生者、羅馬基督教、聖靈降臨教派）	1.4%
	獨立的	34.1%
	其他或未具體說明者	32%
	無信仰者	6.1%
立陶宛 （2001 census）	羅馬天主教	79%
	羅馬東正教	4.1%
	新教徒（包括馬丁路德教派和福音教派徒）	1.9%
	其他或未具體說明者	5.5%
	無信仰者	9.5%
拉特維亞	馬丁路德教派	N/A
	羅馬天主教	N/A
	俄羅斯東正教	N/A

資料來源：作者依美國中央情報局（Central Intelligence Agency, CIA）網站資料庫World Fact Books 整理，

詳　　見：https://www.cia.gov/library/publications/the-world-factbook/

　　從文明衝突與量化的角度來看，俄羅斯境內複雜的種族分佈與宗教信仰無疑是衝突的可能根源，但換各角度來說，除了愛沙尼亞、哈薩克斯坦、烏克蘭與俄羅斯四國沒有任何一個宗教的信徒佔該國人口超過 50%之外，其他 12 個國家均有超過 50%的公民信仰單一宗教，且俄羅斯多數民眾的宗教信仰未定。換言之，獨立國協成員國國內的宗教信仰雖然相當複雜，也為其國內情勢埋下不穩定的種子，但仍不至於造成類似 911 事件般的文明衝突。

二、錯綜複雜的政黨體制

　　雖然某種程度上，蘇聯的解體意味著民主在冷戰的獲勝，也意味著民主制度的一大跨進，但獨立國協各成員國還有白俄羅斯、哈薩克斯坦、烏茲別克斯坦與土庫曼斯坦三國為獨裁或威權政體，其餘 12 個國家分屬聯邦制、共和政體或議會式共和，均屬廣義的民主政體。除此之外，對獨立國協各成員國來說，更大的問題在於其各國境內政黨林立的情況，即使是政治發展程度最高的俄羅斯也有 7 個不同政黨。如圖 2-1 所示，在 15 個前蘇聯成員國中，亞美尼亞、白俄羅斯與格魯吉亞三國的政黨數最多，特別是亞美尼亞與白俄羅斯兩國均逼近 20 個政黨。（詳見圖 2-1：2007 年期間前蘇聯各成員國國內之政黨數）

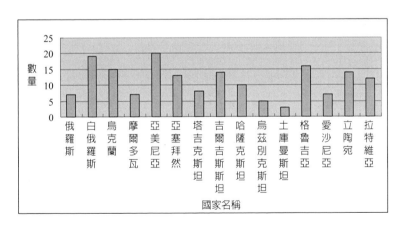

圖 2-1　2007 年期間前蘇聯各成員國國內之政黨數

資料來源：作者依表 2-10 相關資料整理而成

　　亦即無論是獨立國協成員國，或包括波羅的海諸國在內的前蘇聯成員國，其國內政黨體制均為多黨制，相對來說，某種程度上，也可將此現象視為其國內複雜的宗教與種族組成的反射；而就多黨制的政治體制來看，政黨之間縱橫捭闔的可能性與次數將高於兩黨制，也將相對提高採行多黨制國家內政的不穩定；最後，除白俄羅斯以外，土庫曼斯坦、哈薩克斯坦與烏茲別克斯坦三國雖採行總統制，但行政部門的權力卻均接近威權，而上述政治體制相對接近威權政體的國家，亦即包括俄羅斯、土庫曼斯坦、哈薩克斯坦與烏茲別克斯坦在內等四國，其均有國內反對黨活動於國外的情況，換言之，部分獨立國協成員國仍保有一定程度的中央集權色彩，故其國內對反對黨的包容程度反而較低。

表 2-10　前蘇聯境內各成員國之政治體制與現存政黨名稱

國名	政治體制	首都	現存政黨	
俄羅斯	聯邦制	Moscow	A Just Russia	
			Communist Party of the Russian Federation	
			Liberal Democratic Party of Russia	
			People's Party	
			Union of Right Forces	
			United Russia	
			Yabloko Party	
白俄羅斯	名義上為共和政體，實際上為獨裁政體	Minsk	政府承認的政黨	Agrarian Party
				Belarusian Communist Party or KPB
				Belarusian Patriotic Movement
				Liberal Democratic Party of Belarus
				Party of Labor and Justice
				Social-Sports Party

			反對黨	Belarusian Party of Communists
				Belarusian Party of Labor
				Belarusian Popular Front or BPF
				Belarusian Social-Democratic Gramada
				Green Party
				Party of Freedom and Progress (unregistered)
				United Civic Party or UCP
				Women's Party "Nadezhda"
			其他反對勢力	Belarusian Social-Democratic Party
				Christian Conservative BPF
				Ecological Party of Greens
				Party of Popular Accord
				Republican Party
烏克蘭	共和政體	Kyiv (Kiev)		Communist Party of Ukraine
				Fatherland Party
				Our Ukraine-People's Self Defense
				Party of Industrialists and Entrepreneurs
				People's Movement of Ukraine
				People's Party
				PORA! (It's Time!) party
				Progressive Socialist Party
				Reforms and Order Party
				Party of Regions
				Republican Party
				Social Democratic Party (United)
				Socialist Party of Ukraine
				Ukrainian People's Party
				Viche

摩爾多瓦	共和政體	Chisinau (Kishinev)	Christian Democratic People's Party
			Communist Party of the Republic of Moldova
			Democratic Party
			National Liberal Party
			Our Moldova Alliance
			Party for Social Democracy
			Social Liberal Party
亞美尼亞	共和政體	Yerevan	Agro-Industrial Party
			Armenia Party
			Armenian National Movement
			Armenian Ramkavar Liberal Party
			Armenian Revolutionary Federation
			Dashink
			Democratic Party
			Heritage Party
			Justice Bloc
			National Democratic Party
			National Democratic Union
			National Revival Party
			National Unity Party
			People's Party of Armenia
			Prosperous Armenia
			Republic Party
			Republican Party of Armenia
			Rule of Law Party
			Union of Constitutional Rights
			United Labor Party

亞塞拜然	共和政體	Baku (Baki, Baky)	Azadliq coalition
			Azerbaijan Popular Front or APF
			Civic Solidarity Party
			Civic Union Party
			Communist Party of Azerbaijan
			Compatriot Party
			Democratic Party for Azerbaijan
			Justice Party
			Liberal Party of Azerbaijan
			Motherland Party; Musavat
			Yeni Azerbaijan Party;
			Party for National Independence of Azerbaijan
			Social Democratic Party of Azerbaijan
塔吉克斯坦	共和政體	Dushanbe	Agrarian Party of Tajikistan
			Democratic Party
			Islamic Revival Party
			Party of Economic Reform
			People's Democratic Party of Tajikistan
			Social Democratic Party
			Socialist Party
			Tajik Communist Party
吉爾吉斯斯坦	共和政體	Bishkek	Ar-Namys (Dignity) Party
			Asaba (Banner National Revival Party)
			Ata-Meken (Fatherland)
			Democratic Movement of Kyrgyzstan
			Erkindik (Freedom)Party
			Moya Strana (My Country Party of Action)
			Party of Communists of Kyrgyzstan
			Party of Justice and Progress

			Party of Peasants
			Republican Party of Labor and Unity
			Sanjira (Tree of Life)
			Social Democratic Party
			Sodruzhestvo (Cooperation)
			Union of Democratic Forces
哈薩克斯坦	共和政體，但總統權力接近威權，僅有少部分權力由行政部門以外掌控	Astana	Adilet (Justice) (formerly Democratic Party of Kazakhstan)
			Agrarian and Industrial Union of Workers Block
			Ak Zhol Party (Bright Path)
			Auyl (Village)
			Communist Party of Kazakhstan
			Communist People's Party of Kazakhstan
			National Social Democratic Party
			Nur-Otan
			Patriots' Party
			Rukhaniyat (Spirituality)
烏茲別克斯坦	共和政體，但總統權力接近威權	Tashkent (Toshkent)	Adolat (Justice) Social Democratic Party
			Democratic National Rebirth Party
			Fidokorlar National Democratic Party
			Liberal Democratic Party of Uzbekistan
			People's Democratic Party (formerly Communist Party)
土庫曼斯坦	共和政體，但總統權力接近威權	Ashgabat (Ashkhabad)	Democratic Party of Turkmenistan
			正式的反對黨多半規模小、非正式、於台面下或於境外活動，最顯著的兩個反對黨為 National Democratic Movement of Turkmenistan (NDMT) 與 the United Democratic Party of Turkmenistan (UDPT)

格魯吉亞	共和政體	T'bilisi	Burjanadze-Democrats
			Georgian People's Front
			Georgian United Communist Party
			Georgia's Way Party
			Greens
			Industry Will Save Georgia (Industrialists)
			Labor Party
			National Democratic Party
			National Movement Democratic Front
			National Movement
			New Rights
			Republican Party
			Rightist Opposition
			Socialist Party
			Traditionalists
			Union of National Forces-Conservatives
愛沙尼亞	議會式共和	Tallinn	Center Party of Estonia (Keskerakond)
			Estonian Greens
			Estonian People's Union (Rahvaliit) Estonian Reform Party (Reformierakond) Estonian United Russian People's Party
			Social Democratic Party (formerly People's Party Moodukad or Moderates)
			Union of Pro Patria and Res Publica
立陶宛	議會式共和	Vilnius	Civil Democracy Party
			Electoral Action of Lithuanian Poles
			National Farmer's Union
			Homeland Union / Conservative Party
			Labor Party
			Liberal and Center Union

			Liberal Democratic Party
			Liberal Movement
			Lithuanian Christian Democrats
			Lithuanian People's Union for a Fair Lithuania
			Lithuanian Social Democratic Party
			Social Liberal / New Union
			Social Union of Christian Conservatives
			Young Lithuania and New Nationalists
拉特維亞	議會式共和	Riga	First Party of Latvia or LPP
			For Human Rights in a United Latvia
			For the Fatherland and Freedom / Latvian National Independence Movement
			Harmony Center
			Latvian Farmer's Union
			Latvian Social Democratic Workers Party
			Latvian Socialist Party
			Latvia's Way
			New Democrats
			New Era Party
			People's Party
			The Union of Latvian Greens and Farmers Party

資料來源：作者依相關資料整理而成

三、鳳凰再起的徵兆：獨立國協成員國的國際參與

在前蘇聯解體後，前蘇聯原有的國際人格與國際組織參與權乃由俄羅斯聯邦繼承，但前蘇聯解體後的其他 14 個國家則必須以新興國家的身份參與國際社會，所有新興國家均順利加入聯合國與其架構下的各種多邊國際組織。（前蘇聯各成員國參與之國際組織如表 2-11 所示）

表 2-11　前蘇聯各成員國參與之國際組織

國際組織名 國　　名	聯合國	北大西洋 公約組織	歐　盟	上海合 作組織	東亞區 域組織
俄羅斯	◎	×	×	◎	◎
白俄羅斯	◎	×	×	×	×
烏克蘭	◎	×	×	×	×
摩爾多瓦	◎	×	×	×	×
亞美尼亞	◎	×	×	×	×
亞塞拜然	◎	×	×	×	×
塔吉克斯坦	◎	×	×	◎	×
吉爾吉斯斯坦	◎	×	×	◎	×
哈薩克斯坦	◎	×	×	◎	×
烏茲別克斯坦	◎	×	×	◎	×
土庫曼斯坦	◎	×	×	×	×
格魯吉亞	◎	×	×	×	×
愛沙尼亞	◎	◎	◎	×	×
立陶宛	◎	◎	◎	×	×
拉特維亞	◎	◎	◎	×	×

資料來源：作者依相關資料整理而成
說　　明：◎和×意指是或不是該組織之成員

　　而對前蘇聯成員國加入國際組織一事較不利的應為其應如何融入歐洲社群。由於華沙公約組織（Warsaw Pact Organization, WTO）與北大西洋公約組織（North Atlantic Treaty Organisation, NATO）在冷戰期間的長期對立，因此大部分由歐洲國家組成的北大西洋公約組織對前蘇聯成員國戒慎恐懼，最終反應為北約與歐盟雖然希望東擴，但目前卻僅止於愛沙尼亞、立陶宛與拉特維亞三個已經脫離獨立國協的波羅的海諸國。

　　相較來說，獨立國協成員國南向參與的國際組織的功能性便相對高於其參與西方的國際組織，獨立國協南向參與的國際組織以上海合作組織（Shanghai Cooperation Organization, SCO）最具代表性。上海合作組織的前身為俄羅斯、塔吉克斯坦、吉爾吉斯斯坦、哈薩克斯坦與中國等五國的定期對話機制，但烏茲別克斯坦於 2001 年 6 月加入，並於該月簽署「上海合作組織宣言」，正式將原有的定期會晤機制升高為更緊密的互動對話平台。

　　一般而言，上海合作組織被視為中國西進中亞的重要工具或平台，但歷經六年的發展後，上海合作組織究竟是否僅是中國西進中亞的工具，著實值得重新考量，亦即此問題的本質為中國在上海合作組織中是否仍具有最強大的影響力，特別是在俄羅斯經濟重新復甦，與其掌握中國原油進口的另一選擇時，中國是否仍能在上海合作組織中為所欲為、呼風喚雨？

　　以目前上海合作組織的合作歷程來看，其成員國之間的氣氛應仍相當融洽，仍固定舉行某些定期舉行的機制，例如以該國際組織名義舉行的聯合軍事演習，但比較特別的是在 2007 年以「和平使命」為代號的軍事演習中，同為參與演習的國家，哈薩克斯坦卻拒絕解放軍參與演習

的部隊過境哈薩克斯坦，當然此為哈薩克斯坦基於主權原則的權利，但某種程度上也透露出哈薩克斯坦，甚至中亞國家對中國的不信任。

除此之外，隨著俄羅斯經濟的復甦，與其國力的逐漸增長，俄羅斯未來在上海合作組織的發言次數是否會日漸增加？態度是否將逐漸強硬？此事仍端視美國在中亞勢力的消長而定，以到 2007 年年底為止的情勢來看，俄羅斯與中國在中亞地區的短程目標應仍僅止於削弱或驅逐美國勢力，避免顏色革命再起。換言之，在存在一個更大的外部威脅的情形下，俄羅斯與中國應仍會保持某種程度上的合作關係。

其次，俄羅斯在東亞地區，特別是東北亞的地區仍有一定發言權，而其欲維持在東亞影響力的企圖亦召然若揭，此事從其參與六方會談、成為東協區域論壇（ASEAN Regional Forum）成員國與東協的對話伙伴等事便可得到相應的支持證據。

第四節　獨立國協與波羅的海諸國之經濟發展概況

一、獨立國協各成員國的宏觀經濟實力

　　冷戰結束前，前蘇聯具備與美國並駕齊驅的綜合國力，其經濟發展，特別是重工業水準亦與美國相去不遠，但 1991 年蘇聯突然解體，不但一度拖垮前蘇聯的經濟發展，爾後採行的震撼療法（Shock Therapy），企圖一夕之間扭轉原本採行數十年的社會主義經濟模式，並將之轉化為西方的自由主義市場經濟，但結果卻更進一步將大多數的前蘇聯成員國拖入谷底。

　　而在歷經十餘年的低潮後，近年前蘇聯成員國的經濟已有逐步好轉的跡象，2007 年美國著名投顧公司高盛（Goldman Sachs）發佈的金磚四國報告中，便將俄羅斯列為未來全球經濟成長的四大引擎之一。而在獨立國協成員國中，特別是包括俄羅斯、亞塞拜然、土庫曼斯坦、烏茲別克斯坦與哈薩克斯坦在內等五個產油國家的經濟發展速度更相形快速，若單以 2006 年的經濟成長率估計，亞塞拜然的經濟成長率為 34.5%，位居全球經濟行為體的第一名，而在前蘇聯成員國中，共有亞美尼亞、亞塞拜然、哈薩克斯坦、愛沙尼亞、拉特維亞等五國該年的經濟成長率超過 10%，愛沙尼亞、白俄羅斯則接近 10%。（詳細數據詳見表 2-12 所示）

表 2-12　前蘇聯成員國目前之經濟實力

國　名	GDP （單位：十億）	國內每人每年生產毛額[*] （單位：美元）	經濟成長率（2006） （單位：%）
俄羅斯	17460	12,200	6.7
白俄羅斯	83.1	8,100	9.9
烏克蘭	364.3	7,800	7.1
摩爾多瓦	9.066	2,000	4
亞美尼亞	16.94	5,700	13.4
亞塞拜然	59.71	7,500	34.5
塔吉克斯坦	9.521	1,300	7
吉爾吉斯斯坦	10.73	2,100	2.7
哈薩克斯坦	143.4	9,400	10.6
烏茲別克斯坦	55.75	2,000	7.3
土庫曼斯坦	42.84	8500	6[**]
格魯吉亞	18.16	3,900	9.4
愛沙尼亞	26.85	20,300	11.4
立陶宛	54.9	15,300	7.5
拉特維亞	36.49	16,000	11.9

[*]　以購買力評價（purchasing power parity）估計之
[**]　IMF 的估計為 6%，但土庫曼斯坦本國政府的估計高達 21.4%，目前多認為土庫曼斯坦本國政府的估計的可信度極低。
資料來源：作者依相關資料整理而成

　　除此之外，若以購買力評價法估計，目前俄羅斯國內經濟產值位居全球第十一位，其他成員國則尚未能排進前五十名。而若轉以每年每人產值而論，前蘇聯成員國中，每年每人產值最高的為愛沙尼亞，但亦僅達到全球經濟行為體的第五十五名，俄羅斯為第八十二名。換言之，俄羅斯的經濟真的起飛了嗎？嚴格來說，這個問題

的答案應是否定的，俄羅斯的經濟應仍僅止於「正在起飛」或「正要起飛」。

　　但由於目前全球能源需求孔急的大環境背景影響下，俄羅斯對經濟事務影響力的高漲應源於其掌握了豐富的油氣資源，換言之，俄羅斯的經濟影響力並非源於其經濟實力，而是建立在全球需求能源孔急的大背景之下。

二、重生與否：獨立國協各成員國之產業結構

　　除國內生產毛額與經濟成長率之外，國內產業結構與勞力分配結構亦為解釋獨立國協成員國的整體經濟發展現狀與未來經濟發展優劣的最好指標之一。

　　單從產業結構來看，俄羅斯、白俄羅斯、烏克蘭、摩爾多瓦、亞美尼亞、吉爾吉斯、哈薩克、烏茲別克、土庫曼、格魯吉亞、愛沙尼亞、立陶宛與拉特維亞等國的服務業比率均已超過 40%，其中拉特維亞已超過 70%，愛沙尼亞則為 67.8%。換言之，單從產業結構面而言，除亞塞拜然的產業結構仍以工業為主以外，其他 14 個國家均已步入以服務業為主的經濟發展階段。

　　但若從國內勞力分配結構而言，摩爾多瓦、亞美尼亞、亞塞拜然、塔吉克、吉爾吉斯、烏茲別克、土庫曼、格魯吉亞等八國的農業勞動人口比率均超過 40%，換句話說，這八個國家的服務業產值雖高，但其大部分的勞動人口還是以務農為主，亦即其產業結構應仍以農業為主。

表 2-13 前蘇聯成員國目前之經濟結構

國 家	產業結構			勞力分配結構		
	農 業	工 業	服務業	農 業	工 業	服務業
俄羅斯	4.9%	39.3%	55.8%	10.8%	29.1%	60.1%
白俄羅斯	9.2%	41.7%	49.1%	14%	34.7%	51.3%
烏克蘭	10.2%	32.9%	57%	25%	20%	55%
摩爾多瓦	21.5%	22%	56.5%	40.7%	12.1%	47.2%
亞美尼亞	18.2%	38.6%	43.2%	45%	25%	30%
亞塞拜然	7.5%	63.5%	28.9%	41%	7%	52%
塔吉克	23%	28%	49%	67.2%	7.5%	25.3%
吉爾吉斯	33%	20.1%	46.9%	55%	15%	30%
哈薩克	5.7%	39.8%	54.4%	20%	30%	50%
烏茲別克	27.6%	29.4%	43%	44%	20%	36%
土庫曼	17.7%	39.2%	43.2%	48.2%	13.8%	37%
格魯吉亞	15%	28.3%	56.7%	40%	20%	40%
愛沙尼亞	3.2%	29.1%	67.8%	11%	20%	69%
立陶宛	5.5%	35%	59.6%	15.8%	28.2%	56%
拉特維亞	3.7%	21.5%	74.8%	13%	19%	68%

資料來源：作者依相關資料整理而成

第三章　從解體到重生

　　俄羅斯是一個超級強國和有歷史的帝國，但 20 世紀末的崩解，使它的形狀與邊界發生了巨大的改變。俄羅斯的新邊界源自於他的雙重失敗。雖然在俄羅斯的歷史中經歷過失敗混亂的時期，例如 17 世紀的杌涅時期，但是革命性的混亂則開始於 20 世紀，國內政體的革命性轉變導致政治的混亂、外來勢力的介入和領土的減少，之後俄羅斯靠著自己力量處理並恢復失去的領土，也變得比以往更強大，而這其中的一些過程和西方國家是相似的。樂觀的宿命論者相信有一個「浴血鳳凰的模式（phoenix model）」，認為俄羅斯的的改變和再生將是迅速的，這個觀念深植於俄羅斯的歷史經驗中，但是這種觀點忽略了新的發展，也不適當地太偏重連續性而輕忽了不連續性。過去的因素能使俄羅斯重建嗎？那些因素還會出現嗎？本節認為蘇聯的滅亡是由於自然的原因，國家的滅亡不是偶然的，也不能歸咎於國內或國外的陰謀。這不僅僅是因為巨大困難和政策的失敗損毀了這個多民族聯盟的團結，也因為蘇俄的成功為它的共和國成員逐步地預備了它們的獨立。

第一節　蘇聯為何解體？

　　對大多數的俄羅斯人，和當時的大多數蘇聯人民來說，蘇聯的崩解像是患了一個突然且致命的疾病，一夕之間就潰亡了。兩三年以前，莫斯科還掌握了由許多附庸國家所構成的一個世界體系，其中包含幾個地帶：（一）社會主義集團（東歐、蒙古、古巴和越南），（二）傾向社會主義的國家（從安哥拉到尼加拉瓜到南葉門等亞洲、非洲、拉丁美洲等約 20 個國家），（三）具有地緣政治重要性的盟邦（如伊拉克）。但是這種政策導致蘇聯帝國的過分擴張，莫斯科必須資助世界上超過 24 個盟國與附庸國。這種外部的擴張在掌握阿富汗時到達顛峰。但在阿富汗遭到挫折之後，蘇聯開始快速地停頓下來，先是從喀布爾，然後從柏林，到最後它自身亦崩解，這期間前後才 30 個月。蘇聯領導階層為什麼放棄？為什麼蘇聯人民沒有像塞爾維亞人（Serbian）那樣轉變成民族主義者？為什麼這樣一個大國如此這般全球性的和大規模的撤退沒有引起世界戰爭？

　　對於民主俄羅斯運動的激進自由主義者來說，這是不可避免的，共產主義註定要走向末日，所有的殖民帝國都要崩解。在後共產主義時代的俄羅斯只是最後一個崩解的。相形之下，對自由愛國主義者和溫和的民族主義者來說，這個千年古國的自願解散，無疑是愚蠢的，是全然不適當的。對於國家杜馬（Duma）裡的反對黨——共產黨——而言，執政當局的作為，先是戈巴契夫然後是葉爾欽，簡直是叛國者，應該加以彈劾。

　　在某些方面，俄羅斯的經驗和傳統的歐洲帝國沒有什麼不同。就像英國一樣，俄羅斯必須放棄它在「大競賽（Great Game）」裡的收獲（例如：外高加索、中亞、以及裡海的大部分）。就像法國一樣，

俄羅斯選擇採取一場長期又骯髒的戰爭來保有它視為主權領土的一部分（如車臣）。就像 1950 年代的英國，失去了帝國，卻又找不到新的角色。就像 1960 年代的法國，堅持做一個「偉大的國家（grandeur）」，雖然外人都認為那只是自我陶醉而已。然而，在一些重要的方面，俄羅斯和這些帝國有所不同，因而對俄羅斯的去殖民地化的方式有所影響。俄羅斯帝國與其他帝國相異之處有以下幾點：

1. 俄羅斯是一個大陸國家而非海洋國家，它的「殖民地」其實是它的邊境，換言之，是國家領土的延伸。

2. 就烏克蘭和白俄羅斯來說，殖民地化或去殖民地化的理論在這個案例裡是用不上的，因為它們只是一個同宗教的家族的自我分殊而已。

3. 俄羅斯帝國包含了亞洲和歐洲的邊境。俄羅斯在西面的藩屬如波蘭、芬蘭和波羅的海各省份，在經濟上、政治上、和文化上都要比俄羅斯本土（core land）先進。

4. 俄羅斯湊合式的國家結構是靠龐大的軍隊和強勢的政府官僚，而不是商業利益，來維持的。

5. 既使是在俄羅斯的核心領土裡面，也存在著非俄羅斯人的領土區塊，保有他們的文化與宗教認同，例如沿伏爾加河地區。

6. 除了政府官員和將軍等特權階段，所有的沙皇臣民，和普通的俄國人民一樣都享有極少的權利，所以俄國人不會被視為是統治階級。

7. 殖民地當地的貴族階層被納入帝國的核心菁英，被允許擔任高級軍文職位，非俄羅斯人於是被逐漸同化。

8. 不論是在意識型態、主張、或全球意識上，蘇俄共產黨政權和其他任何一個殖民政權都不一樣。

　　蘇聯帝國事實上花了太多的時間和資源來支撐這些非俄羅斯的國家，使得它必須犧牲本族國家的發展計畫。雖然，到後來，從某些方面來看來，莫斯科的退縮是愚蠢的，但這是必須的，而且對俄羅斯最終是有益的。對蘇聯自己來說，馬克思主義的失敗和蘇聯經濟的無能是可斷定的結果，這種神話在 1950-60 年代就已開始破滅。其實，早在 1970 年代，俄羅斯族裔就已開始遷回老家（old country）。可以說，蘇聯帝國的瓦解其實是垮在和平時期，而非戰爭的結果。這一點和保羅・甘乃迪在「大國的興衰」一書裡所說的，「過度擴張是帝國沒落的主因」的論點有所不同[1]。

　　蘇聯的長期衰敗，其原因可以簡述如下：

1. 1970 年代中期，經濟改革失敗與錯過電腦革命的時代，使蘇聯經濟開始衰敗。過度的軍事化超過了政府的負擔能力，資源迅速萎縮加上管理不良，導致中央政府無能應付地方的需索，於是，地方菁英自行其是，傾向分離自立。

2. 共產黨的管理出現危機。高度集權的黨組織無法應付這個龐大國家日益複雜的管理工作。中央的政治癱瘓促使地方菁英走向前台，起而奪權。

3. 共產主義意識形態沒落，政權失去正當性。於是，反共勢力和民族主義起而代之。七十年來浸淫在蘇維埃國際主義的蘇聯對於這波洶湧澎湃的浪潮毫無準備。

4. 蘇俄民族政策的成功使非俄羅斯的邊境地區，尤其是穆斯林諸共和國，走向主權與獨立。蘇聯不但給予它們以主權的形

---

[1] Paul Kennedy, *The Rise and Fall of the Great Powers.* New York: Random House, 1987.

式，更因為替它們建立了經濟的基礎，栽培了民族的菁英份子，使他們開始意識到他們自己的角色並開始追求他們自己的發展道路。

5. 宗教復興強化了蘇聯內部的差異，特別是在基督教與回教之間。

6. 蘇聯人口狀況的演變降低了斯拉夫族的主宰地位。1989年時，俄羅斯人僅僅是些微多數而已。穆斯林族裔則日益增加。這使得一些俄羅斯族菁英份子想把俄羅斯共和國和各穆斯林共和國加以區分。

7. 蘇俄外交政策失敗使國家資源耗竭在各種冒進的計畫。阿富汗戰爭沈重地打擊了軍隊的士氣，也打擊了政治階層和整個社會的信心，開始懷疑國家戰略是否正確。

8. 當蘇聯日漸衰敗之際，鄰近國家卻日漸強大。蘇聯面對的不再是衰弱的歐洲和落後的亞洲。蘇聯的南邊「軟腹」，特別是伊朗和阿富汗情況險惡，歐盟不但繁榮且經濟已在整合之中，鄧小平統治下的中國也在1978年開始改革開放。地緣政治的動力已開始反轉。

對古典地緣政治學者來說，1989年是歐亞大陸地緣政治動力的轉捩點。心臟地帶五百年來的擴張停止了。西邊的北約和歐盟，南邊的伊斯蘭勢力，東方的中國，這些邊緣地帶開始把它們的影響力伸入迅速解體中的「俄羅斯大陸」。心臟地帶不再能抗拒這些壓力，俄羅斯的邊界開始向內移動。

第二節　獨立國協（CIS）的角色與雙重邊界

　　蘇聯解體初期的衝擊讓許多人覺得大難臨頭，但在一陣短暫的時間過後，卻為某種形式的反彈舖平了道路。幾年來，還有人不相信蘇聯已經自然死亡了。但是，整個社會還是能夠適應新的形勢，日子照過，生活如常。雖然許多人還是不能適應新的邊界，但是俄羅斯之所以沒有陷入如南斯拉夫那樣的混亂，一個重要的原因就是獨立國協（Commonwealth of Independent States, CIS）的創立緩和了這種衝擊[2]。很多人指責獨立國協沒有達成預定的目標，但是他們沒有認識到獨立國協的確做出了真正的成就，那就是它睿智地完成了吸收震波的歷史任務。整合只是一個偉大的幻想，卻成為用來分離的最有效的工具。

　　獨立國協未能成為後蘇聯的整合載體是有原因的：

第一、精英們抗拒任何超國家的組織；

第二、所有的獨立國協國家在經政治上都有強烈的外傾意向，不　　　　是倒向西方，就是倒向土耳其或伊朗等國；

第三、各國經濟發展程度不一，政法體制各異，文化背景不同；

第四、各國的安全議程也大不相同。

---

[2]　為因應蘇聯解體而成立於 1991 年 12 月 8 日的獨立國協（Commonwealth of Independent States，簡稱：CIS；或譯：獨立國家聯合體，簡稱：獨聯體）目前有 12 個成員國：亞塞拜然、亞美尼亞、烏克蘭、白俄羅斯、摩爾多瓦、俄羅斯聯邦、哈薩克斯坦、塔吉克斯坦、吉爾吉斯、烏茲別克、土庫曼斯坦、格魯吉亞（或譯：格魯吉亞）。尹慶耀，獨立國協研究——以俄羅斯為中心。台北市：幼獅，民 84。頁 21-24。鄭羽主編，獨聯體十年。現狀、問題、前景。1991-2001。北京：世界知識出版社，2002.1。第二章。

　　獨立國協雖然沒有如預期地成為一個俄羅斯領導的強權集團，但是做為一個轉型的機制和安全網，卻讓前蘇聯避免重蹈前南斯拉夫的覆轍。獨立國協的重要成就可簡述如下：

1. 既存於蘇俄行政邊界內之所有蘇維埃共和國的主權均被承認，其中某些邊界是毫無歷史依據的。因此避免了南斯拉夫的情境。

2. 一個核子超級強權史無前例的崩解並未造成核子擴散。

3. 蘇聯軍隊的傳統武力和資產被瓜分了。根據 1990 年歐洲傳統武力條約（Conventional Forces in Europe, CFE）所分配的蘇俄配額，按照比例重新分配。

4. 獨立國協給普通百姓創造了一個想像的共同空間（common space），國家間的旅行往來是多了一些不便，但基本上是自由的，並未造成不可逾越的移民壁壘。

5. 在新獨立的國家裡，精英們變的變得滿足和自信。

6. 獨立國協高峰會議成為溝通的場所，尤其是在這些新國家的外交部門剛剛組成之際，由於大多數的領導人都是前蘇聯時代的重要幹部，所以他們都蠻喜歡這種平起平坐的「政治局會議」。

　　早先，俄羅斯當局做了一個基本決定，就是：蘇俄時代的內部邊界被承認為新的國際邊界。儘管反對派的強大壓力，俄羅斯官方從未動搖這決定，因此，俄羅斯與新國家間得以確保和平。這些邊界在今日比在 1991 年以來的任何時期都更穩固。

　　1991 年底的時候，俄羅斯仍然控制著與歐洲與遠東一些國家之間的疆界，但是，與前蘇聯各共和國的漫長邊疆就不僅僅是地

圖上的一條線而已。單是與哈薩克斯坦的邊界就有 7500 公里。當時的俄羅斯聯邦由於缺乏經費來強化這些邊界，因此，出於現實的需要，莫斯科就產生了一個「雙重邊界」的概念。莫斯科提議沿著蘇聯時代的邊界，在整個周邊上，利用原有的邊界設施來保護獨立國協全體成員。莫斯科聲稱此舉將可穩定局勢，並為俄羅斯爭取時間來建它自己的邊界。於是，在獨立國協國家的外部邊界上保護俄羅斯的國家利益與安全就成了俄羅斯邊界政策的優先事項。

　　儘管這個雙重邊界的策略並不十分完美，它的確給了俄羅斯喘口氣的時間，讓俄羅斯開始沿著新國家的周邊建立自己的邊界控制。同時，也幫助新國家建立自己的邊防部隊。目前，俄羅斯的鄰國自西至東共有如下 14 個：挪威（Norway），芬蘭（Finland），愛沙尼亞（Estonia），拉特維亞（Latvia），白俄羅斯（Belarus），烏克蘭（Ukraine），格魯吉亞（Georgia），亞塞拜然（Azerbaijan），哈薩克斯坦（Kazakhstan），中國（China），蒙古（Mongolia）共 11 個陸地鄰接的國家。它們和俄羅斯聯邦有共同的陸地邊界。其他的是和俄羅斯有共同的水域的鄰國，共有 3 個：以裡海（Caspian Sea）相隔的伊朗（Iran）和土庫曼斯坦（Turkmenistan），以圖門江為界的北韓（North Korea）。（參見圖 3-1）

　　蘇聯的崩解引發了一個重要的問題，那就是俄羅斯政府對於前蘇聯空間以外的邊界變遷應該採取何種態度？它在 1990 年代的政策顯示，莫斯科不反對自願的合併如像德國的統一，或自願的分離如捷克與斯洛伐克。但是俄羅斯非常關切不友善的分離。俄羅斯對德國政府在南斯拉夫的行動所引發的衝突是有許多責難的，因為德國在 1991 和 1992 年間過早地承認克洛埃西亞和斯洛

維尼亞，促使歐盟跟進。在車臣問題上，俄羅斯強烈支持國家領土的完整，尤其是面對武裝叛亂時。俄羅斯也認為台灣、西藏和新疆是是中國領土的一部分，它也聯合北京和中亞國家對抗回教分離主義。

　　蘇聯解體也引發了另一個重要的問題，就是俄羅斯能否重生？在戰爭中失去的領土可以用武力奪回，但是以和平方式分割並予以承認的領土，在一個民主化的政治裡就不可能用粗暴的方式取回來。蘇聯的解體已經結束，俄羅斯已不是帝國。本文作者認為，俄羅斯能否重生的一個前提，就是俄羅斯能否保護它的邊界並維持領土的完整。只有在這個前提下，俄羅斯才能發展出完善的政治體制。下節簡述 1991 年 12 月蘇聯解體後，新成立的俄羅斯聯邦的聯邦體制。

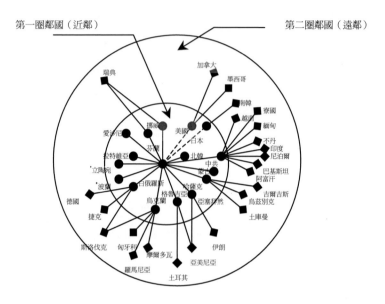

圖 3-1　俄羅斯的周邊國家

說　　明：1.*波蘭和與俄羅斯的境外領土加里寧格勒州相鄰接
　　　　　2.----海洋鄰國
資料來源：Y.N. Gladky, B.A. Dobrokok, S.P. Semenab, *Ekonomicheskaya Geografiya Rossii* (俄羅斯經濟地理), Moskva: Gardarika, 1999. p.54
翻譯及重製：許湘濤、王琬淳

第三節　俄羅斯聯邦的聯邦體制

一、聯邦主體之類型

　　俄羅斯聯邦的聯邦主體可以分為三類：（一）俄羅斯聯邦的成員國家（共和國 republic/ respublika/ республика），（二）區域性聯邦主體（邊區，亦稱邊疆區 territory/ krai/ край、州，亦稱省 region/ oblast'/ облсть、聯邦直轄市〔自治市〕city of federal significance/ gorod federal'nogo znachenia/ город федеральново значения）和（三）民族性聯邦主體（自治州 autonomous region/ avtonomnaya oblast'/ афтономная облсть、自治區 autonomous district/ avtonomny okrug/ афтономная оклуг）。俄羅斯聯邦各主體之行政區劃的分類可表列如下：

表 3-1　俄羅斯聯邦主體行政區劃之類別

俄羅斯聯邦主體	（第一類）成員國家：	共和國
	（第二類）區域性聯邦主體：	邊區
		州
		聯邦直轄市（自治市）
	（第三類）民族性聯邦主體：	自治州
		自治區

聯邦主體的多樣性，是俄羅斯聯邦組成上的特點。例如，俄羅斯聯邦現行憲法第 65 條羅列了俄羅斯現有的八十九個聯邦主體（21個共和國，6 個邊區，49 個州，2 個聯邦直轄市，1 個自治州，10個自治區）。同時，憲法規定，俄羅斯聯邦有權按照聯邦憲法之法律程序，吸收新的主體加入俄羅斯聯邦，以及在俄羅斯聯邦組成中成立新的主體。俄羅斯聯邦主體之行政區劃及中文名稱如地圖 3-1 及表 3-2。由於篇幅與本文主題之限制，以下僅介紹俄羅斯聯邦各共和國主體之特點。

二、共和國之特點

目前，俄羅斯聯邦組成中，共有 21 個共和國。它們是：阿迪格共和國（Adygeya）、阿爾泰共和國（Altai）、巴什科爾托斯坦共和國（Bashkortostan）、布里雅特共和國（Buryatia）、達吉斯坦共和國（Dagestan）、印古什共和國（Ingush）、卡巴爾達——巴爾卡爾共和國（Kabardino-Balkar）、喀爾瑪克——哈林姆格共和國（Kalmykia-Khalmg Tangch）、卡拉恰伊——切爾克斯共和國（Karachay-Cherkess）、卡列利亞共和國（Karelia）、科米共和國（Komi）、馬里厄爾共和國（Mari El）、摩爾多瓦共和國（Mordovia）、薩赫共和國（Sakha 原名：雅庫特 Yakutia）、北奧塞梯共和國（North Ossetia）、韃靼斯坦共和國（Tatarstan）、圖瓦共和國（Tuva）、烏德穆爾特共和國（Udmurt）、哈卡斯共和國（Khakasiya）、車臣共和國（Chechen）、楚瓦什共和國（Chuvash）。

地圖 3-1　俄羅斯聯邦主體行政區劃圖

表 3-2　俄羅斯聯邦主體名稱（中文譯名，按經濟區排列）

一、北方經濟區	1.卡列利亞共和國	2. 科米共和國
	3. 阿爾漢格爾斯克州	4. 涅涅茨自治區
	5. 沃洛格達州	6. 莫爾曼斯克州
二、西北經濟區	7. 聖彼得堡市（聯邦直轄市）	8. 列寧格勒州
	9. 諾夫哥羅德州	10. 普斯科夫州
三、中央經濟區	11. 布良斯克州	12. 弗拉基米爾州
	13. 伊萬諾夫州	14. 卡盧加州
	15. 科斯特羅馬州	16. 莫斯科市（聯邦直轄市）
	17. 莫斯科州	18. 奧廖爾州
	19. 梁贊州	20. 斯摩稜斯克州
	21. 特維爾州	22. 圖拉州
	23. 雅羅斯拉夫州	
四、伏爾加-維亞特卡經濟區	24. 馬里-艾爾共和國	25. 摩爾多瓦共和國
	26. 楚瓦什共和國	27. 基洛夫州
	28. 下諾夫哥羅德州	

五、中央黑土經濟區	29. 別爾哥羅德州	30. 沃羅涅日州
	31. 庫爾斯克州	32. 利佩茨克州
	33. 坦波夫州	
六、伏爾加河流域經濟區	34. 喀爾瑪克共和國	35. 韃靼斯坦共和國
	36. 阿斯特拉罕州	37. 伏爾加格勒州
	38. 奔薩州	39. 薩馬拉州
	40. 薩拉托夫州	41. 烏里揚諾夫斯克州
七、北高加索經濟區	42. 阿迪格共和國	43. 達吉斯坦共和國
	44. 印古什共和國	45. 卡巴爾達－巴爾卡爾共和國
	46. 卡拉恰伊－切爾克斯共和國	47. 北奧塞梯共和國
	48. 車臣共和國	49. 克拉斯諾達爾邊區
	50. 斯塔夫羅波爾邊區	51. 羅斯托夫州
八、烏拉爾經濟區	52. 巴什科爾托斯坦共和國	53. 烏德穆爾特共和國
	54. 庫爾干州	55. 奧倫堡州
	56. 彼爾姆州	57. 科米－彼爾姆自治區
	58. 斯維爾德洛夫斯克州	59. 車里雅賓斯克州
九、西西伯利亞經濟區	60. 阿爾泰共和國	61. 阿爾泰邊區
	62. 克麥羅沃州	63. 新西伯利亞州
	64. 鄂木斯克州	65. 托木斯克州
	66. 秋明州	67. 亞馬爾－涅涅茨自治區
	68. 漢特－曼西自治區	
十、東西伯利亞經濟區	69. 布里雅特共和國	70. 圖瓦共和國
	71. 哈卡斯共和國	72. 克拉斯諾亞爾斯克邊區
	73. 泰梅爾（多爾干－涅涅茨）自治區	
	74. 艾文基自治區	75. 伊爾庫茨克州
	76. 烏斯季－奧爾得斯克 布里雅特自治區	
	77. 赤塔州	78. 阿金斯－布里雅特自治區
十一、遠東經濟區	79. 薩赫共和國（雅庫特）	80. 猶太自治州
	81. 楚克奇自治區	82. 濱海邊區
	83. 哈巴羅夫斯克邊區	84. 阿穆爾州
	85. 堪察加州	86. 科里雅克自治區
	87. 馬加丹州	88. 薩哈林州（庫頁島）
	89. 加里寧格勒州	

資料來源：Goskomstat Rossii, *Rossiiskii ezhegodnik*. Moskva: Goskomstat, 1999, p.13.
（俄羅斯國家統計局，俄羅斯年報。）

　　做為俄羅斯聯邦主體之一的共和國有一個共同的特性，就是在共和國內部集中地居住著與該共和國同名的民族。這些民族在文化、生活習俗和經濟發展方面都具有鮮明的特點。另外，這些共和國有幾個值得注意的特點：

　　首先是，共和國彼此間的面積和人口有很大的差別。例如，布里雅特共和國的面積為 35.13 萬平方公里，而北奧塞梯共和國的面積僅為 0.8 萬平方公里。巴什科爾托斯坦共和國的人口（389.5 萬），是卡巴爾達——巴爾卡爾共和國人口的五倍，是圖瓦共和國人口的十六倍。

　　其次是，與共和國同名的民族人口，不一定在本共和國占多數。在許多共和國內，與共和國不同名的民族的人口占本共和國總人口二分之一以上者，比比皆是。例如，卡列利亞共和國內的卡列利亞民族在人口比例上只占該共和國人口總數的百分之十。而哈卡斯族的人口僅占哈卡斯共和國總人口的百分之十一點一。又如，在科米、摩爾多瓦、阿迪格、達吉斯坦、卡拉恰伊——切爾克斯、巴什科爾托斯坦、烏德穆爾特、阿爾泰、布里雅特、薩赫（雅庫特）等共和國內，本族人口也僅占該共和國內人口總數的百分之二十至三十左右。

　　最後，與人口比例相關的一個特點是，所有的共和國都是多民族的國家。許多共和國內住有三種以上的民族。最複雜的可能是達吉斯坦共和國，國內有七個主要的民族；而且，即使是人口最多的阿瓦爾人（Avartsy）也僅占人口比例的 27.5%。

　　更重要的是，在某些共和國內，俄羅斯人占有壓倒性的多數。例如，哈卡斯共和國境內的俄羅斯人口比例高達 79.5%，相形之下，哈卡斯人僅占人口比例的 11.1%。卡列利亞共和國的俄羅斯人與卡列利亞人的人口比例是 73.6 比 10.0；布里雅特共和國的俄羅斯人與

布里雅特人的人口比例是 70 比 24。表三顯示俄羅斯人口在各共和
國內所占的比重。

表 3-3　俄羅斯族人口在各共和國內所占之比重

共和國名稱	俄羅斯族（%）	其他主要民族人口總數（%）
卡列利亞	73.6	17.0
達吉斯坦	57.7	31.6
馬里艾爾	47.5	49.2
摩爾多瓦	60.8	37.4
楚瓦什	26.7	70.5
喀爾瑪克	37.7	45.4
韃靼斯坦	43.3	48.5
阿迪格	68.0	25.3
達吉斯坦	9.2	76.8（含其他六個民族）
印古什	13.2	84.8
卡巴爾達－巴爾卡爾	32.0	57.6
卡拉恰伊－切爾克斯	42.4	40.9
北奧塞梯	29.9	58.2
車臣	24.8	68.3
巴什科爾托斯坦	39.9	53.3
烏德穆爾特	58.9	37.8
阿爾泰	60.4	36.6
布里雅特	70.0	26.2
圖瓦	32.0	64.3
哈卡斯	79.5	15.4
薩赫	50.3	40.4

資料來源：Goskomstat Rossii, *Rossiiskii Ezhegodnik* （Moskva: Goskomstat, 1999）
（俄羅斯國家統計局，*俄羅斯年報*。）

　　由上述特點可見，做為聯邦主體的許多共和國並不具備成為獨立的民族國家的條件，特別是那些孤懸內陸、與外界難以聯繫的共和國。若再考量其他因素，則更可以發現許多共和國的名實之間有很大的差距。由此觀之，俄羅斯聯邦各主體彼此間所構成的內部邊界以及與周邊國家之間的國際邊界比世界上其他許多國家要複雜得多。

第四章　西面

　　俄羅斯的邊界可以分成三個面向來分析。第一個面向是西面的斯堪地那維亞國家、波羅的海國家和東中歐國家，美國雖然在大西洋的另一邊，但在東西伯利亞與俄羅斯只有白令海峽一水之隔，而且美國的影響力從各個面向撲向俄羅斯，故列入西面一併討論。第二個面向是俄羅斯南方諸國，包括高加索地區和中亞。第三個面向是遠東的中國、朝鮮半島與日本。本章先討論西面相鄰諸國，南圈及遠東地區則留待第五、六、七章。

　　歐洲部份是後蘇聯時期的俄羅斯周邊形勢中變化最深刻的一個面向。在這個部份，俄羅斯的邊界地區可以分成三組國家：

　　第一組是傳統的西方國家——挪威、芬蘭和美國。雖然說，俄羅斯與這三個國家不是沒有邊界的爭執和疑忌；但是，基本上是沒有問題的。最大的問題其實在於北約和歐盟之類的西方的國際機構的「領土」與功能的擴張，以及俄羅斯與其冷戰時期之敵對國家之間的邊境狀態。這種擴張使得俄羅斯面臨許多挑戰，且必須重新評估它在歐洲的地位。

　　第二組是新近加入西方的國家，如波蘭，以及與現今的獨立國協相鄰的中歐和東南歐國家，亦即匈牙利、羅馬尼亞和斯洛伐克等國。由於俄羅斯的退縮，這些國家得以加入或親近北約和歐盟。這

也是 50 年來的第一次，中、東歐國家可以歸屬於一個排除了俄羅斯的聯盟集團。

波羅的海三小國的愛沙尼亞、拉特維亞和立陶宛亦屬於第二組國家。但是，它們有一個非常特別之處，就是它們都曾經在歷史上是俄羅斯帝國和蘇聯的一部份。其次，在這些國家裡，特別是在愛沙尼亞和拉特維亞，都有相當多的俄裔少數民族。而且，俄羅斯與愛、沙兩國均有未解決之領土糾紛。最後，在波蘭立陶宛之間還夾了一個俄國的加里寧格勒飛地。

第三組，也是最重要的一組國家就是屬於前蘇聯的白俄羅斯與烏克蘭兩國，以及與烏克蘭相鄰，但卻陷於分裂的摩爾多瓦。以下分述這三組國家與俄羅斯之間的紛爭。

第一節　與傳統的西邊諸國之爭執

這部份的問題包括下列幾項：

一、卡列利亞半島有一部份在 1940 年以前屬於芬蘭，是一個潛在的問題。

二、與挪威之間因北極地區部份土地之歸屬問題尚待解決。

三、北極海大陸棚的問題仍未解決。另外，與美國之間的海域之爭，雖然已在 1990 年達成協議，但是俄羅斯國內爭議不斷，國會迄未批准。

以下進一步說明這些問題。

一、與芬蘭的邊界問題

　　蘇聯瓦解時，只有芬蘭、挪威和波蘭與俄羅斯聯邦的邊界是法律上確定的。芬蘭在 1809-1917 年間曾經是俄羅斯帝國治下相當有自治地位的一個地區。其獨立性曾於 1917 年 12 月獲得列寧政府的承認，而且，在 1918 年的內戰中，芬蘭的布爾什維克黨人亦未得勝。卡列利亞的一部份曾於 1939-1940 年斯大林發動的冬季戰爭中被蘇聯兼併。其後，芬蘭意欲收復失土而與德國結盟發動第二次蘇芬戰爭（1941-1944）。芬蘭戰敗後，於 1947 年之和平條約確認該地之割讓。但是，芬蘭仍有一些政治勢力對該地提出主張。

　　冷戰期間，俄芬於 1948 年簽署友好合作互助條約，該約禁止芬蘭與德國結盟，俄芬並合作對付外國之侵略。因此，芬蘭成為一個被蘇聯保護以對抗北約的緩衝國。這種安排雖然符合莫斯科的安全需要，但是並未減少芬蘭的內部自由。儘管「芬蘭化」一詞帶有貶意，但是這也是在冷戰時期的環境下，一個最佳的安排。[1]雖然在 1980 年代末期曾經有意將此一模式應於中、東歐，但為時已晚。

　　蘇聯瓦解後，芬蘭繼續與莫斯科保持平等友好的關係，無意挑戰現存之邊界。不過，個別政治人物的言論和一些團體的活動，以及芬蘭對邊界地區的援助，引起俄羅斯一些政府官員的警覺，而對該地區之跨境合作有所干擾。

　　不過，1995 年芬蘭加入歐盟才是俄芬邊界性質的一大改變。在 2004 年，波蘭、捷克、斯洛伐克、匈牙利、愛沙尼亞、拉脫維亞、

---

[1]　芬蘭的角色也使其成為蘇俄「對西方的一扇窗戶」，透過這個中立的通道，蘇俄與其冷戰敵國得以建立各種接觸。

立陶宛、斯洛維尼亞、馬爾他、塞浦路斯等國加入歐盟之前,芬蘭曾經是歐盟成員國中唯一與俄羅斯接壤的國家。俄羅斯因此有意通過芬蘭加強與歐盟的關係,以免被西方邊緣化。1997 年間,葉爾欽總統曾提議「共管」1,300 公里長的俄芬邊界,但為芬蘭總統阿提沙利(Ahtisaari)所婉拒,而且還建議加強對邊境和海關的控制。隨著芬蘭國力的上昇,俄羅斯官員反而要擔心西北部地區的「芬蘭化」了。

二、與挪威的邊界問題

挪威與俄羅斯的問題和芬蘭大不相同。挪威迄今仍非歐盟成員,但卻是在冷戰時期唯一與蘇聯接壤的北約國家。冷戰期間,挪威相當地自我節制,限制北約集團在其境內進行軍事活動,禁止他國在境內設置永久性軍事設施,同時,不在挪威邊境進行軍事演習。因此,挪威的緩衝作用有三個特徵:(1)單邊自制;(2)基本上是一個軍事互信機制而非政治承諾;(3)只在和平時期有效。冷戰的結束使得這種自制不再必要,但是俄羅斯仍然是以一種懷疑的眼光注視著西方,特別是美國在挪威北部和北極地區的軍事和情報蒐集活動。

俄挪兩國的陸地邊界不存在任何問題。1945 年,蘇俄軍隊曾短暫侵入挪威北部解除德軍之佔領,但迅即離去。蘇聯解體期間,俄國人因恐懼而有大批移民進入挪威邊境,但多數俄人並無意永久居留,奧斯陸亦禁制移民,移民之舉仍止。對於歐洲的北極地區,當地人民已漸有同享之共識。歐洲的遠北(Europe's Far North)乃逐

漸成形。1992 年，俄羅斯參與創立歐洲——北極巴侖支海委員會
（Euro-Arctic Barents Council），亦為此一共識的反映與推動。[2]

　　然而，莫斯科與奧斯陸之間對於巴侖支海的部份海域存有長期
的爭議。爭議的區域達 15.5 萬至 18 萬平方公里。該海域可能蘊藏
大量石油和天然氣，俄方估計高達 880 億噸，相當於西西伯利亞的
蘊藏量。俄挪雙方自 1970 年開始談判邊界問題，但迄未達成協議。
1978 年兩國同意宣告爭執的各處邊界為共同的「灰色地帶」，並共
遵某些規則。

　　1998 年，俄國漁民因追捕鱈魚而觸犯挪威的禁令，短暫引起外
交衝突。此後，俄羅斯逐漸關切西方國家（挪威、美國、德國）對
北極大陸棚的規範。俄羅斯國家安全委員會曾警告政府注意，西方
國家的經濟擴張及軍事——政治壓力，「將導致俄羅斯逐漸淡出北
極。」

三、北極海域以及與美國的邊界問題

　　1926 年，蘇俄政府單方面決定建立自己的北極區塊，宣稱，從
北極海海岸的最東端和最西端的兩個點出發延伸至北極的這片地區
內所發現的所有島嶼均屬於蘇聯。這片地區面積總計達 580 萬平方
公里。該決定從未被西方國家和日本接受，但也不曾受到任何人的
挑戰。

---

[2]　http://www.beac.st/

由於北極冰層下潛在大量的能源儲量，這個問題日益受到重視，使得莫斯科必須修正它對主權的立場。1996 年，俄羅斯加入海洋法公約，接受 200 浬的大陸棚為俄羅斯的經濟區，同時釋出其餘 170 萬平方公里之海域供各國自由之經濟活動。然而，所有的島嶼仍歸俄羅斯所有，而且，這些島嶼的海岸線還可以延伸出大陸棚。俄羅斯一群省長也支持此一行動，並於 1999 年提出一項關於俄羅斯北極地區的法案。此外，包括俄羅斯天然氣工業（Gazprom）在內的一些團體並試圖證明前蘇聯的部份海域實為西伯利亞大陸棚的延伸。俄羅斯媒體則認為美國、德國和挪威是俄羅斯在該地區的潛在競爭者。

至於和美國在白令海的海疆爭執，則讓莫斯科花了 12 年的時間才達成協議。1990 年 6 月，美國簽署協議並於次年由國會批准。但是蘇俄和其後的俄羅斯國會則拒絕批准，並引起國內的激烈爭論。聲稱該協議是一個錯誤，是「第二次出賣阿拉斯加」，要求當時的外交部長謝瓦納澤（Eduard Shevardnadeze）負責。俄方評論指出，70%的爭議區域均歸屬美國，而大陸棚由此開始延伸，使俄國船隻不得進入。

俄羅斯的傳統的西方國家是俄羅斯在歐洲最北邊和在北極地區直接接壤的鄰國。這些國家有穩定成熟的民主政治，也名列世界上最繁榮的國家。它們也是社會正義、女權、環境保護、人道援助的表率。俄羅斯與芬蘭、挪威之間的爭執完全在可以控制的範圍內。更且，它們也為俄羅斯的國內發展提供主要的外部資源。和北歐（Nordic）諸國的跨邊界合作是俄羅斯融入歐洲的一個契機。

第二節　與波蘭等國之糾結

　　從俄羅斯的角度來看，首先是北約和歐盟的擴大，以及從前的東歐，亦即現今的中歐諸國，和波羅的海三國的西方化，給擴大後的西方世界增添了新的色彩與特質，形成了俄羅斯眼中的「新西方」。

　　除了加里寧格勒這一小塊飛地夾在立陶宛和波蘭之間，此外，俄羅斯與這些國家沒有直接接壤。但是，這些前蘇聯的附庸國對俄羅斯而言具有某些方面的意義。首先，它們標誌著蘇俄退縮的最後定局。其次，它們把北約和歐盟帶到了俄羅斯的門前。最後，它們對俄羅斯的獨立國協中最重要的兩個國家——烏克蘭和白俄羅斯，以及摩爾多瓦——產生了直接的影響。

一、波蘭

　　波蘭是前華沙公約國家中最重要的一個國家，其 4,000 萬人口約為俄羅斯人口的 30%，2000 年時，波蘭的 GDP 約為俄羅斯之半。波蘭亦為莫斯科和柏林之間的主要戰略通道。波蘭在 1989 年選出第一個由反共人士領導的東歐政府。

　　由於被俄、德兩國侵略、瓜分和統治的歷史記憶，波蘭決心完全融入歐洲的安全與經濟結構。華沙公約於 1991 年初正式解散之後，波蘭只用了兩年的時間就申請成為北約會員。俄羅斯原希望前盟邦國均能保持中立，成為西方與俄羅斯之間的緩衝帶。但是，在

波蘭、捷克、匈牙利相繼加入北約之後，俄國人覺得被西方領袖欺騙了，他們曾經私下保證不將北約東擴。

從俄國軍方的觀點來看，波蘭是北約對付俄羅斯的最佳的前置基地。他們擔心西方在波蘭的傳統與核子武器的佈署和設施的使用，將使得北約可攻擊伏爾加以西的任何地區。雖然 1997 年的俄羅斯──北約基本法（Russia-NATO Founding Act）[3]已稍減俄羅斯的疑慮，但裂痕之大仍然難以彌縫。

不過，俄羅斯在關於加里寧格勒的主權這個關鍵點上是可以信賴波蘭對它的支持。1970 年的蘇俄──東德條約和 1990 年的德國統一條約都正式放棄了對奧德河──尼斯河界線以東的領土主張。但是，俄羅斯仍然擔心，在擺脫納粹罪愆陰影之後，成為「正常」國家的德國將重新提起領土議題。北約的東擴似乎就是往這個方向近逼的一步。其實，波蘭自己的國界就存爭議。前東普魯士的領土有三分之二是在 1945 年時納入波蘭的管轄，波蘭目前的領土有三分之一在二次大戰前原屬德國。

二、愛沙尼亞、拉特維亞、立陶宛

波羅的海諸國的獨立使得加里寧格勒成為一塊與俄羅斯本土不相連的領土，任何人要從俄羅斯本土前往加里寧格勒時，均須穿越兩個國界。最迫切的問題是俄國軍隊進出加里寧格勒時，能否假道

---

[3] 條約全名為 Founding Act on Mutual Relations, Cooperation and Security Between the Russian Federation and the North Atlantic Treaty Organization. Paris, May 27, 1997.

立陶宛？俄羅斯擔心維爾紐斯切斷通往加里寧格勒的鐵路線，故另尋替代路線，1995-1996 期間曾希望經過白俄羅斯和波蘭的鐵公路連接加里寧格勒。立陶宛則擔心俄軍過境將危安全，故亟欲加入北約。2004 年 3 月，立陶宛終於加入北約，加里寧格勒也終於被完全包圍在北約的領域裡。立陶宛的激進民族主義者宣稱加里寧格勒是「小立陶宛」，應併入立陶宛；也有人希望加里寧格勒成為一個獨立的小國。不過，立陶宛已於 1997 年 10 月和俄羅斯簽約，在法律上和事實上確定了與俄羅斯的邊界，是波羅的海諸國中的第一個。立陶宛也是俄軍從波羅的海諸國撤軍的第一個，比另兩國早了一年。

　　相較於其他兩國波羅的海國家，立陶宛和俄羅斯之間幾乎不存在國界問題。原因之一是立陶宛境內的俄裔人口不到國民總數的 10%，相較於愛沙尼亞和拉特維亞境內俄裔人口則達 30%以上。愛沙尼亞和拉特維亞都認為有部份領土於 1940 年年被俄羅斯佔領，應該歸還。但俄國認為愛沙尼亞兩處俄裔人口區（分別為 800 和 1500 平方公里）和拉特維亞一處俄裔人口區（1600 平方公里）根本不存在割讓的問題。

　　1992 年，俄羅斯政府單方面決定劃界，視其與波羅的海諸國之邊界為國際邊界，在沒有正式協定的情況下完成邊界管制。然而，當拉特維亞於 1998 年單方面實施劃界時，俄羅斯卻加以反對。拉、愛兩國知道它們毫無選擇，必須正式承認俄羅斯對該地區的主權，否則只能惡化它們與其境內俄裔族裔的問題，例如，東北部愛沙尼亞就有可能成為一個俄裔占多數的飛地。1999 年 3 月，莫斯科同意與愛沙尼亞簽訂邊界條約，但與拉特維亞的邊界則懸而未決。

　　所有這一切糾紛的後果就是緩衝帶的終結與「新西方」的出現。結果是，從科拉半島到加里寧格勒整個俄羅斯的西北面，俄羅斯都

必須直接面對北約和歐盟的領域。因而，俄羅斯的政策越來越僵硬，而俄羅斯應否與西方整合或對抗甚或自我孤立的問題也日益迫切。

第三節　與「新」的東歐諸國之糾葛

　　隨著後蘇俄空間的消滅，出現了三個新的東歐國家。它們是白俄羅斯、烏克蘭和摩爾多瓦。這三個東斯拉夫族裔的前蘇聯共和國是傳統俄羅斯帝國的核心，因此，俄羅斯聯邦和它們之間存在著認同的問題。

一、白俄羅斯

　　純就地緣政治而論，白俄羅斯無疑地是俄羅斯通往歐洲的最重要的通道。無論是油氣管道或鐵公路運輸，多需經過白俄羅斯而通往歐洲的核心國家包括北約和歐盟的會員國。歷史上，白俄羅斯也是東西軸線上軍事侵略的通衢大道。最後，白俄羅斯是俄羅斯通往其波羅的海飛地（exclave）加里寧格勒（Kaliningrad）的最近的一個緊鄰。白俄羅斯在獨立國協中和俄羅斯的關係最密切，原因之一是它不像其他國家有過獨立的經驗。在邊界問題上，90年代初，持激進民族主義的「白俄羅斯人民陣線黨」（Belarussian Popular Front）曾主張俄國境內的普斯科夫（Pskov）、斯摩稜斯克（Smolensk）和布良斯克（Bryansk）應歸還白俄羅斯。但俄羅斯主張雙方國界應以

前蘇聯期間既有的行政區劃為準。再加上白俄羅斯向來視俄羅斯為老大哥（Big Country），是故國界問題並未影響雙方關係之發展。

對俄關係始終居白俄羅斯外交政策之首位。2001 年，俄白聯盟國家條約正式生效，雙方提議在保留各自主權的同時，逐步建立統一的聯盟國家。但 2006 年期間，雙方因天然氣價格等問題離齟不斷，白俄羅斯總統盧卡申科（Lukashenko）指責莫斯科破壞聯盟條約。長期以來，由於聯盟的關係，白俄羅斯享有自俄羅斯進口低價能源的優惠。然而，最近以來，由於俄羅斯堅持按照國際標準向白俄羅斯收費，致使雙方爭議升高，白俄羅斯甚至曾經無預警地關閉了俄羅斯經由該國輸往波蘭和德國的原油管線，引起一場危機。

在白俄羅斯人民中，認為要一面倒傾向俄羅斯的人和認為要採取東西平衡的人各占半數，不相上下。但是隨著北約東擴，波蘭成為北約會員國之後，北約的腳步來到了白俄羅斯的門口，明斯克（白俄羅斯首府）面臨著困難的選擇，究竟要無條件地做為俄羅斯的前進防衛基地，還是要與西方的聯盟集團建立特殊的關係？

二、烏克蘭

烏克蘭的案例與白俄羅斯完全不同。1991 年 12 月 1 日，烏克蘭公民投票宣佈獨立，終結了蘇聯的命運。俄、烏之間的主要問題不在於邊界，而在於後者之脫離前者而獨立。因此，這兩個前蘇聯最大的共和國的分離才是它們之間領土問題的產生背景。

俄、烏之間最主要的領土糾紛是克里米亞半島，特別是該半島上原蘇聯黑海艦隊基地的塞瓦斯托堡（Sevastopol）。1954 年，為慶

祝烏克蘭與俄羅斯重新統一 300 周年，當時的蘇聯總理赫魯雪夫（Khrushchev）提議將從前在俄土戰爭中奪得的克里米亞地區劃贈給烏克蘭。但克里米亞和頓內次克（Donetsk）等地區在歷史上均曾為俄羅斯領土，百分之七十的人口為俄羅斯族裔，回歸俄羅斯的情緒頗為強烈。俄羅斯國家杜馬曾通過決議，廢除 1954 將克里米亞地區劃給烏克蘭的法律，並宣稱塞瓦斯托堡為俄羅斯的城市。但葉爾欽（Yeltsin）總統擔心烏克蘭境內核武裁撤與黑海艦隊的歸屬問題，不得不與烏克蘭妥協，於 1997 年達成協議，承認既有之國界，並承認上述地區及東烏克蘭若干俄裔人口區屬於烏克蘭，同時以租賃方式（為期 20 年）使用黑海艦隊之基地與設施。如此，從法律面解決了俄羅斯黑海艦隊之駐泊問題，亦保障了烏克蘭的主權不受侵犯。因此，俄羅斯既未完全喪失黑海的戰略通道，又不損烏克蘭的主權。烏克蘭為俄羅斯留下在黑海活動空間，既不致激化俄、烏間的矛盾，也最大限度地減少了俄羅斯駐足黑海而對烏克蘭不利的地緣政治因素，實乃困境中的妥協和戰略抉擇。

克里米亞半島是烏克蘭唯一的自治共和國，有 160 萬俄羅斯人，塞瓦斯托堡的俄羅斯人占全市人口 2/3 以上。半島上另有 25-50 萬韃靼人，但其政經地位倍受歧視，為該地區不安定因素之一。

另外，俄國堅持亞速海不得開放為國際海域，擔心北約船艦進入而影響其國家安全。

三、摩爾多瓦

　　摩爾多瓦（Moldavia）不與俄羅斯接壤，中隔烏克蘭。但是，摩爾多瓦又夾在烏克蘭與羅馬尼亞之間。做為前蘇聯的一部分，其俄裔人口又與俄羅斯有密切的聯繫，摩爾多瓦在兩個方面和俄羅斯有關。其一是摩爾多瓦的內戰。1940 年，蘇聯併吞羅馬尼亞的比薩拉比亞（Bisarabia）並將該地區與德涅斯特河（Dniester River）左岸的摩爾多瓦自治共和國合併成立摩爾多瓦共和國，是為蘇聯 15 個加盟共和國之一。國際上普遍認為德涅斯特河左岸屬於摩爾多瓦，但德涅斯特河沿岸的俄羅斯人在 1990 年 9 月宣佈成立「德涅斯特河沿岸蘇維埃共和國」，內戰隨之爆發。內戰結束後，捲入內戰的俄羅斯軍隊以維和部隊的名義駐紮該地（實際上是俄羅斯第 14 集團軍）。此後，摩爾多瓦政府一直未能在實質上控制該地。1994 年，摩爾多瓦政府與俄羅斯簽署協議，規定俄軍須撤出該地區，但是俄羅斯國家杜馬迄未批准該協議。2004 年，斯拉夫裔民兵強行關閉教授羅馬尼亞語的學校，摩爾多瓦乃對德涅斯特河東岸實施制裁。做為報復，德涅斯特河東岸乃切斷對摩爾多瓦的電力輸出，因蘇聯時期的摩爾多瓦大多數的發電設施均建在德涅斯特河東岸。俄羅斯遲不撤軍，使得摩爾多瓦和烏克蘭結成一氣抵制俄羅斯在獨立國協中的主導地位。

　　其二是俄羅斯對摩爾多瓦的地緣政治與國家利益的考量。地緣政治上，俄羅斯希望摩爾多瓦留在俄羅斯的勢力範圍內，經由參與獨立國協和雙邊經濟與政治的安排，防止摩爾多瓦與羅馬尼亞合併。地緣戰略上，則以駐軍的方式防止摩爾多瓦成為北約的一員。人道主義上，可以確保當地俄人得到公平的待遇，而事實上亦保存

了外德涅斯特地區（Transdniestria）對俄羅斯的特殊的認同。俄羅斯的理想是一個主權的摩爾多瓦，不要和大羅馬尼亞（Greater Romania）整合；一個聯邦制的摩爾多瓦，讓外德涅斯特地區具有特殊地位，也和俄羅斯有特殊關係；以及一個中立的摩爾多瓦，但是領土上有俄軍基地且政治上傾向俄羅斯。俄羅斯的共產黨和民族主義者想把所謂的德涅斯特共和國當成俄羅斯針對巴爾幹和烏克蘭的戰略橋頭堡。但是，這個橋頭堡似乎太遠了些。

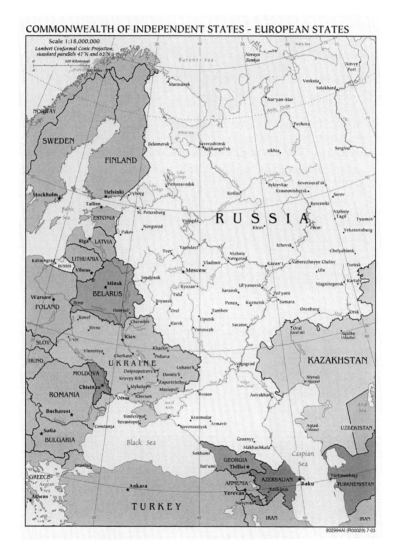

地圖 4-1　俄羅斯的西面邊界

資料來源：http://www.lib.utexas.edu/maps/commonwealth/cis_europe_pol_2003.jpg

第五章　高加索與裡海地區

　　俄羅斯與高加索和中亞地區的邊境一直是一個動盪不安的地區。沿著南方的邊界，俄羅斯所面對的是非現代化的虛弱國家以及不穩定的社會。有些較遠的鄰國，如阿富汗，全然地拒絕現代化，並成為其它鄰國（例如俄羅斯和巴基斯坦）的主要挑戰。而高加索與中亞地區不但難以整合，反而存在著社會文明的分歧。同時，由於俄羅斯內部存在著為數眾多的穆斯林居民，而中亞特別是哈薩克居住著幾百萬的俄羅斯民族，使得情況更為複雜。

　　布里辛斯基曾以「中亞的巴爾幹」來形容高加索和中亞地區（地圖 5-1）[1]。1990 年代俄羅斯的兩次車臣戰爭和本世紀初美國在阿富汗的反恐戰爭更顯示出這片廣大地區不穩定的情勢。在北高加索地區[2]，由於多種族的問題，造成邊界劃分上的困難。若俄羅斯放任此

---

[1]　布里辛斯基著，林添貴譯，大棋盤。全球戰略大思考。台北：立緒文化，民87。頁 63、163。

[2]　北高加索地區位於裡海與黑海之間，南邊以大高加索山脈與南高加索的亞塞拜然共和國和格魯吉亞共和國為界。與這兩個國家相接壤的俄羅斯聯邦行政區自東而西有達吉斯坦共和國（鄰裡海）、車臣共和國、印古什共和國、北奧塞梯-阿蘭尼亞共和國、卡巴吉諾——巴爾卡爾共和國、卡拉恰伊——切爾克斯共和國、克拉斯諾達爾邊區（鄰黑海）共七個聯邦主體。參見劉炳均，俄羅斯聯邦地理。台北市：國立政治大學俄國語文學系，民 85.6。頁 27。Атлас.Российская Федерация. Москва: АТКАЯ, 2002. ст. 32-35.（俄羅斯聯邦地圖）

地區的動亂，更可能產生骨牌效應。南高加索地區的國家——亞塞拜然、亞美尼亞、格魯吉亞（又譯：格魯吉亞）——由於本身國力衰弱、加上仍有許多未定界的問題，使得這些國家局勢動亂，進而影響到此區域的穩定。裡海地區蘊藏著豐富的資源，周邊國家為了經濟利益因而關係緊張，同時更擴大為國際勢力的競逐場，各國在裡海的界線劃分因而成為重要的課題。

蘇聯解體後，中亞地區分別獨立了烏茲別克斯坦（Uzbekistan）、土庫曼斯坦（Turkmenistan）、塔吉克斯坦（Tajikistan）、吉爾吉斯斯坦（Kyrgyzstan）和哈薩克斯坦（Kazakhstan）五個新的國家。由於與莫斯科距離遙遠，受伊斯蘭的影響甚多，加上近年來基地組織（Al-Queda）與塔利班（Taliban）份子在此地區活躍，俄、中學者咸認為中亞地區為分離主義、宗教極端主義與恐怖主義三個極端主義的合流之地[3]。近年來，中國積極涉入中亞地區事務，「上海合作組織」（the Shanghai Cooperation Organization, SCO）的成立使中國對於中亞的安全議題有了發言權，且與俄羅斯形成一個地區安全的交叉保證，更可能使得中國取代俄羅斯在中亞地區的主導權。

---

[3] http://euroasia.cass.cn/Chinese/news/Subject/Shanghai/lw001.htm

地圖 5-1　布里辛斯基的「中亞巴爾幹」——不穩定的地區

Source : Zbigniew Brezezinski, *The Grand Chessboard. American Primacy and Its Geostrategic Imperatives.* New York: BasicBooks, 1997. p.53.

　　中亞和高加索地區所存在的宗教和種族問題，直接的影響到這兩個地區國家邊界的劃分，而未定界問題往往為地區動亂的最主要根源。同時，疆界的不確定也激發了泛斯拉夫主義的興起，例如哈薩克北方省份的分離問題。對於俄羅斯而言，疆界的不確定影響其國內政治結構，例如，普欽總統為了強化國內的統治，將俄羅斯全國劃分為七個行政區，並直接由總統控制。本章先論述俄羅斯南部疆界的形成和高加索地區的情勢，中亞地區部分則留待下一章討論。

第一節　俄羅斯南部疆界的形成

本文所述之南部疆界意指高加索與中亞地區。從歷史上來看，俄羅斯南方邊界的形成主要是採取戰略邊疆以及殖民化兩種模式來進行[4]。

一、戰略邊界模式（The Strategic Border Model）

戰略邊界模式意指純粹因為戰略的理由而兼併土地的一種方式。自從 1480 年驅逐蒙古人以後，俄羅斯便開始併吞欽察汗國的各個繼承國，喀山（Kazan，1552），阿斯特拉汗（Astrahkan，1556），最後是克里米亞（Crimea，1783）。其目的為去除蒙古的殘餘威脅，徹底剷除侵襲俄羅斯的根源，以及為俄羅斯鋪平進一步從事政經擴張的通渠大道。

16 世紀末，沙皇併吞喀山和阿斯特拉罕兩個汗國，將俄國邊界擴展到裡海北岸，便開始了俄羅斯對於高加索地區的擴張與滲透。18 世紀末，沙皇經由逐步滲透，掌控了北高加索地區。1802 年，由於格魯吉亞人不滿波斯的統治，俄羅斯藉此機會將格魯吉亞劃入版圖，同時將勢力伸進了南高加索地區。其後，經過 1812 年與 1926 年兩次俄、波戰爭，俄羅斯獲得了原屬於波斯[5]的絕大部分高加索地

---

[4]　Dmitri Trenin, *The End of Eurasia:Russia on the border between geopolitics and globalization* Washington, D.C., and Moscow: Carnegie Endowment for International Peace, 2002, pp.36-60.

[5]　波斯於 1935 年改名為伊朗。

區，將其邊界向南推進了幾百公里。同時俄羅斯的政治勢力也向南擴張至波斯，使得波斯在政治上依附於俄羅斯[6]。

對於俄羅斯而言，中亞位於亞洲的腹地，若能佔領此地區，便可以以此為基地，東往中國，男往波斯、阿富汗、印度，進而到達印度洋[7]。因此，俄羅斯從 18 世紀開始，便將其勢力開始往中亞擴張。俄羅斯在 1854 年到 1884 年間，一一征服了中亞地區的各個汗國，使其疆界更向南延伸，且其希望將其勢力南伸至當時由英國所佔領的印度。

20 世紀以降，沿著俄羅斯南方周圍，戰略邊界很不明確。在冷戰時期，伊朗和阿富汗成為蘇聯與西方的緩衝國，但這兩國在 1978 年到 1979 年國內局勢發展的結果，使得美蘇雙方大為吃驚。大部分的蘇聯領袖，都樂見將阿富汗視為一個緩衝，但仍有少數人認為應該將共產社會延伸至中東地區。

戰略邊界模式使得俄羅斯成為一個強大的國家。做為一個軍事強國，俄羅斯必定要傾全力的去維持其邊界與勢力。在此觀點下，俄羅斯就必須利用獨立國協的國家來形成一個強大的緩衝地帶，以繼續維持其國家安全與利益。

---

[6]　白建才，俄羅斯帝國（台北：慧明，1992），頁 225-229。
[7]　白建才，前引書，頁 230。

二、殖民地化模式（The Colonization Model）

在 16 世紀到 19 世紀間，俄羅斯採取殖民地化的方式來擴張其領土，主要的擴張區域為西伯利亞、遠東和北哈薩克地區。俄羅斯希望能透過和平的殖民方式來取得領土，而非利用征服的方式。讓這些地區的人民，也能自發性的迅速融入俄羅斯。

俄羅斯由東南邊往南延伸的邊界，是受到游牧民族入侵、移動與衰弱的影響。

16 世紀中葉後，南方的俄羅斯農民逃離了地主的壓迫，在頓河（the Don）到泰拉河（the Terek river）間建立了哥薩克殖民區。俄羅斯政府很快的決定讓居住在邊境的居民自行抵抗克里米韃靼人（the Crimean tartar）的猛烈攻擊，也因此哥薩克的文化本質便是在和平時耕種，遭受攻擊時則戰鬥。

在蘇聯時期，莫斯科當局鼓勵俄羅斯人移居中亞。1970 年時，吉爾吉斯首府的俄羅斯人比重佔到 66%，哈薩克首府的俄羅斯人超過 70%。同時莫斯科當局大力支持異族通婚政策，當時整個蘇聯近 5900 萬個家庭當中，約有 800 萬個家庭成員已經族際化，在哈薩克，這種家庭約達到 1/5[8]。

由於蘇聯的垮台，前蘇聯的工業與社會結構之崩潰，而且目前亦無多餘的土地可以殖民，加上俄羅斯人的出生率驟降等等因素，此種領土擴張模式現今已經無法使用。

---

[8] 刑廣程，崛起的中亞（台北市：五南，1993），頁 28。

第二節　高加索地區

從高加索山沿著裡海（Caspian Sea）到哈薩克，俄羅斯在南方邊界所面對的問題與其所面對之新東歐邊界有很大的不同。隨著蘇聯的瓦解，在南方邊界所形成的國家，其本質與俄羅斯西面的國家相異，他們從未有過實行現代化的經驗。對這些國家最大的影響力，是來自於南方的伊斯蘭教。此因素逐漸重要的原因是源自於 70 年代晚期伊朗的革命。加上俄羅斯在 1979~1989 年間干涉阿富汗的失敗，這是俄羅斯為保護其南方之勢力所做的最後一次也是最不成功的一次努力。此後，俄羅斯變越來越往北方退縮。車臣（Chechnya）問題可以作為俄羅斯在北高加索的穆斯林中，希望建立俄羅斯認同之最重要且最基本的議題指標。國際恐怖主義利用當代伊斯蘭教社會不安的情況，給這個議題增添極端辛辣的滋味。沿著東正教與伊斯蘭教的介面所發生的種種事件，其艱苦之過程將深深地影響俄羅斯的民族與國家的建立。

從黑海到阿爾泰山，俄羅斯沒有承繼蘇聯原有的邊界。這裡所有的邊界都非常的新，甚至有許多邊界尚未確定。與俄羅斯相鄰的亞塞拜然（Azerbaijan）、哈薩克斯坦（Kazakhstan）與格魯吉亞（Georgia），這幾個國家國力虛弱，且其國內潛藏著動亂與分裂的威脅。例如，在南高加索三小國內部的阿布哈茲（Ahkhazia）、卡拉巴赫（Karabakh）與奧賽梯（Ossetia）等案例中，國內紛爭導致內戰與武裝衝突，並且威脅到其他國家。又如，車臣戰爭同時威脅到俄羅斯和格魯吉亞。在所有的分裂戰爭中，若反抗者比中央政府占上風時，會造成未被承認但已具有真正國家地位的現象發生。莫斯科當局給予阿布哈茲與卡拉巴赫的亞美尼亞人與南奧賽梯（South

Ossetia）實際的支援，也因此在平息車臣問題上，得到了格魯吉亞與亞塞拜然的合作。

　　在西方，1500 萬名俄國人永久居住在愛沙尼亞、拉特維亞和烏克蘭的東方和南方，包括克里米亞半島（the Crimea）。在南方，北哈薩克斯坦大約有 600 萬名俄國人，另外在烏茲別克斯坦、吉爾吉斯斯坦、土庫曼斯坦和塔吉克斯坦有 500 萬的俄國人，這是一個令人棘手的問題。更複雜的是住在俄羅斯聯邦裡的穆斯林族群的認同問題，主要是在北高加索和伏爾加河（Volga）沿岸，為俄羅斯在 1550 年代所佔領的兩個中古世紀汗國——喀山和阿斯特拉汗。數個民族不適應地橫跨著新邊界，造成實質分裂的國家。這些問題都來自於富含石油的裡海周邊，有著強烈的國際商業和政治競爭的背景，且具有明確的戰略性意義。因此，當舊式的地緣政治碰上新興的經濟地緣政治，必然引起激烈的動盪。

　　本文首先由北到南討論高加索問題（由現在的俄羅斯邊界向外）。緊接著是中亞（Central Asia），並朝此方向繼續討論下去。

一、北高加索（The North Caucasus）

地圖 5-3　高加索地區

資料來源：http://blog.yam.com/dili/article/5335071

圖 5-1　俄羅斯在高加索地區的三層蛋糕邊界

```
┌─────────────┐
│   莫斯科     │
└─────────────┘
```

內鄰：達吉斯坦、車臣、印古什、北奧塞梯、
　　　卡巴爾達－巴爾卡爾、卡拉恰伊－切
　　　爾克斯、克拉斯諾達爾、阿迪格

近鄰：　　亞塞拜然、格魯吉亞、亞美尼亞

遠鄰：　　　　土耳其、伊朗

製圖：作者自製

　　在高加索地區，俄羅斯必須去處理如夾心蛋糕般的領土：底層是傳統的遠鄰（far abroad 即土耳其、伊朗）、中層是後蘇俄時期的近鄰（near abroad 即亞美尼亞、亞塞拜然、格魯吉亞），以及上層，即某些歐洲分析家所稱的內鄰（inner abroad）。所謂內鄰包括了車臣以及從裡海到黑海（the Black Sea）間的一連串俄屬共和國：達吉斯坦共和國、車臣共和國、印古什共和國、北奧塞梯──阿蘭尼亞共和國、卡巴爾達──巴爾卡爾共和國、卡拉恰伊──切爾克斯共和國、克拉斯諾達爾斯克邊區（內含阿迪格共和國）。曾有一位俄羅斯作家提出「北高加索已經成為俄羅斯聯邦的一部分，如同波羅的海各共和國（the Baltic republics）曾為蘇聯的一部分，以及波蘭曾為帝俄的一部分」的看法，也就是說，這個地區有一種與生俱來的外來性與長期存在的顛覆性的因素。凡是北高加索發生的問題，必定影響到俄羅斯聯邦的兩個成員──韃靼斯坦（Tatarstan）共和國和巴什科爾托斯坦（Bashkortostan）共和國。

　　北高加索地區所擁有的經濟利益價值相對較小，而居住在此地區的種族，無論是在帝俄或是在蘇聯時期都難以控制。俄羅斯人與高加索人之間文化關係薄弱，種族與宗教上彼此遠離，就如同歐洲人與中東人之間的關係一樣。蘇聯的瓦解將一些相近的分離開來，也使得幾個陌生的結合在一起。下如獨立報（Nezavisimaya gazeta）的創辦人 Vitay Tretyakov 所說的：「俄羅斯包含了車臣卻不包含克里米亞半島，這是一件奇怪的事情。」

　　對於其他人來說，他們不瞭解為何俄羅斯必須掌控北高加索地區。這是因為俄羅斯若放手則會對這些國家造成骨牌效應，甚至導致俄羅斯的崩潰。而傳統主義者通常視現實為完全的非黑即白，並且認為俄羅斯應該在向南方擴張與往北退縮之間作出選擇。

二、車臣（Chechnya）

　　車臣因素之所以極其重要，不僅僅是因其位於北高加索，而且是因為它是整個俄羅斯南方邊緣地區的一支穿心箭。俄羅斯如何對待車臣，也就說明了俄羅斯聯邦如何定義它自己[9]。

地圖 5-4　車臣

資料來源：http://blog.yam.com/dili/article/5335071

---

[9] 此為俄國人對車臣問題的一個重要且廣泛的觀點。根據歷史學家 Natalia Narochnitskaya 的說法，這個問題關係到俄羅斯兩百年來在地緣政治上辛勤努力的結果，俄羅斯在黑海地區的勢力範圍，到地中海的軍事平衡，以及克里米亞半島、亞美尼亞、格魯吉亞和整個東方基督教的未來。Trenin, op.cit., p197.

　　車臣在 1991 年秋天時單方面宣佈獨立，當時蘇聯仍然正式存在且俄羅斯聯邦尚非事實上之主權國家。在接下來的三年當中，由於俄羅斯共和國本身國力虛弱，莫斯科當局忍受車臣的不服從狀態，此時車臣事實上為獨立的狀態。車臣的對外關係是在聯邦之外，而其與俄羅斯區域的行政邊界是完全透明的，這也使得車臣成為各種走私品的主要來源。

　　莫斯科當局藉由武力的脅迫，相當冒險的開始了第一次車臣戰爭（1994~1996），試圖摧毀車臣獨立運動，但是結果卻是俄羅斯的一場災難，被迫承認戰敗[10]。依照雷貝德將軍（Alexander Lebed）所談判簽訂的哈薩維特協議（Khasavyurt Accord），俄羅斯勉強地同意延遲考慮車臣最後的地位，且必須在 5 年內確定（最後期限為 2001 年 12 月 31 日）[11]。

　　這期限本應促使俄羅斯政府確定其在此區域的目標，制定達成目標的政策，並且描繪出合宜的策略。俄羅斯可採取金融的手段，利用俄國市場的經濟誘因，和車臣對復甦的需求，達成一個可接受的解決方案。若俄羅斯政府選擇與其他聯邦成員一樣，給予車臣經濟、政治和安全的保障，如此可能支持如馬斯哈多夫（Aslan Maskhadov）那樣溫和的領導人，並孤立激進主義者，且提供必要的物資獎勵使車臣成為聯邦的一部分。若俄羅斯聯邦決定讓車臣成

---

[10] 第一次車臣戰爭約有 4000 名俄羅斯軍人死亡，18000 名軍人受傷。另外，約有 80000 到 100000 人被殺，其中大部分為人民。

[11] Lebed 首先試圖以軍事行動破壞 1996 年 7 月所簽訂的那茲蘭協議（Nazran Agreement）。然而俄軍無法得逞且遭受到重大損失。從俄國人的觀點來看，哈薩維特協議與那茲蘭協議是個錯誤；此協議使得俄羅斯軍隊必須撤離，車臣去軍事化而非解除武裝，且以國際法做為格洛茲尼（Grozny）與莫斯科之間關係的基礎。

為一個獨立的國家，他可以採取幫助車臣獨立的政策，同時與其談判經濟、安全和其他的安排。車臣若一心想獨立，卻又頑固地不願合作，俄羅斯即可加強封鎖其經濟、金融與運輸，並且隔離其與外界的聯繫，以此來作為使車臣態度軟化的手段。然而俄羅斯自從簽訂哈薩維特協議後，什麼事也沒做。

雖然莫斯科當局接受車臣大選的結果，並且與格洛茲尼（Grozny）當局於 1997 年 5 月另外簽訂協議，但仍未有關於解決車臣問題的政策出現。這期間，車臣陷入了混亂當中，而此結果也導致了新型態對抗的形成。

許多俄羅斯政府官員相信車臣建國的失敗會將其自然地拉回俄羅斯聯邦。從他們的觀點來看，支持溫和派不利於俄羅斯的利益，因為這將會保証車臣會獨立且削弱俄羅斯在整個區域內的地位。另一方面，失控的激進主義與混亂導致的結果，將可以防止車臣鞏固自身勢力並使得莫斯科當局獲得第二輪的勝利。因此，俄羅斯不情願的使用他的經濟影響來支持馬斯哈多夫（Maskhadov）政府。1998年 10 月，莫斯科終於停止了經過車臣的巴庫──諾沃羅西斯克（Baku-Novorossiisk）輸油管。

事實上，大多數的俄羅斯政治和軍方精英始終認為車臣為緊張的主要來源，是恐怖主義的一個避風港，和一種地緣政治的威脅。他們更認為車臣計畫在俄羅斯之外建立一個從裡海到黑海，由格各茲尼當局所支配，屬於伊斯蘭教的「巨山同盟」（mountainous confederacy），而達吉斯坦（Dagestan）被視為此種擴張的第一個的目標。在 1996 年到 1999 年間，莫斯科對於車臣呈現一種消極態度使得這種觀點成為自我實現的預言。

1996 年戰敗之後，無人懷疑要對於那些分離主義者採取更進一步的軍事行動。絕大多數的俄羅斯領導者與主流輿論都在討論，藉由「關閉」邊界以孤立車臣的各種方法。

儘管車臣拒絕承認，正式的來說他仍然為聯邦的屬地。利用這種法律上的說詞，格洛茲尼當局可以合法地與俄羅斯各地區建立關係，如韃靼斯坦或達吉斯坦。而且，包括總統等高階層代表，可以到國外進行訪問──從格魯吉亞、亞塞拜然、土耳其到美國。另外一個更重要的問題則發生在連接車臣與格魯吉亞的山路，這是格洛茲尼當局經由陸路自由地對外聯繫的唯一管道。而莫斯科當局在批評下被迫與車臣和格魯吉亞簽訂道路協定。

這項法律情勢意謂著在車臣和鄰近的俄羅斯地區間有著 774 公里長的疆界。根據俄羅斯的法律，「車臣邊界」指的是內部的行政界線，由警察巡邏但不受邊防軍的保護。有組織犯罪在這個行政邊界上佔有絕對的優勢。跨越邊界突襲鄰近的俄羅斯省份變成司空見慣的事情[12]。綁架的贖金成為軍閥收入的主要來源[13]。而這些罪犯從未被逮捕或繩之以法，此地成為一個犯罪的天堂。俄羅斯同時也需面對合法性與資源的問題。使用邊防軍來關閉內部疆界是不合法的，而正規軍，內政部部隊和警察單位卻沒有效率，同時也不適任。

---

[12] 根據俄羅斯官方的描述，在 1996 年到 1998 年之間約有 200 次的武裝勢力攻擊俄羅斯軍隊。

[13] 被囚禁的人當中，最高階的是 Vladimir Vlasov，他是俄羅斯總統駐車臣的永久大使，於 1998 年間被囚禁六個月。最廣為人知的是 1998 年 4 位西方特派記者被斬首的殘忍行為。據稱 1998 年間綁匪取得的贖金高達 2 千萬美元。

開放的車臣邊界成為瓦哈比教派（Wahhabism）政治極端主義者及犯罪者一個安全的天堂。而北高加索地區中兩個無法無天的共和國（印古什和車臣）成為他們活動的根據地。

從哈薩維特協議後，俄羅斯政府並未增加准許車臣獨立的意願。雖然此時使車臣成為俄羅斯聯邦的一份子幾乎是不可能，但將行政界線轉變成為國際邊界更會帶來許多問題。莫斯科當局關注的是若車臣成為先例，對於其他俄羅斯地區所造成的影響，俄羅斯聯邦無時不擔心會和蘇聯一樣瓦解。將車臣「驅逐」出俄羅斯聯邦會產生憲政上的問題，這是因為總統與國會無權獨自做出決定，俄羅斯憲法禁止在領土切割上的公民複決。既使憲政問題可以克服，還有領土問題必須克服。哥薩克人（Cossacks）堅決反對讓出位於德瑞克河（Terek）左岸（亦即北面）兩個歷史上非屬車臣的地區，此地為 1957 年車臣——印古什共和國（Chechen-Ingush Republic）成立時所增之地區。若格洛茲尼當局願意放棄此區，便會以要求達吉斯坦的車臣住民區作為補償，而此區為通往裡海的入口。就算地位與領土的問題解決，俄羅斯與車臣的邊界也將為永久的最前線。

俄羅斯聯邦當局想出形形色色的新地位型態，比俄羅斯任何其他地區的地位都高，但是絕非使得車臣擁有完整的主權，結果就造成了一個僵局。試圖孤立車臣是失敗的。在 1993 年 12 月，即車臣戰爭開始的前一年，俄羅斯執法機構要求關閉車臣邊界，此一做法忽略了達吉斯坦與印古什缺乏自有資源的狀況。如果宣稱達吉斯坦、印古什與北奧賽梯已經「選擇」留在俄羅斯聯邦裡，就可以把車臣隔離開，那是一種太膚淺的說法。其原因之一是，車臣與格魯吉亞有著 80 公里長的邊界，使它能夠脫離俄羅斯的勢力直到 1999 年 12 月。更重要的，俄羅斯與車臣存在著非軍事的威脅，如犯罪組

織、毒品和走私。即使駐守大量的俄羅斯軍隊仍無法禁絕，此地的俄羅斯軍隊（車臣當局稱為「俄羅斯佔領高加索」）成為突擊隊攻擊俄軍的理由，同時仍是車臣人獲取可靠又廉價的武器與軍火之來源。

地方當局希望得到軍事保護的同時，也擔心軍事駐在的陰暗面。當斯塔夫羅波爾州（Stavropol）要求內政部部隊駐守在車臣邊界以防鄰近之土地被吞併時，他們也反對任何加寬安全地帶的建議，因為他們也怕聯邦軍隊事實上併吞他們的土地。

俄羅斯聯邦當局無法立即保護車臣鄰近地區，於是這些地方尋求自保。在 1998 年初，達吉斯坦募集了一隻 1000 多人的民兵部隊來防守邊界。而印古什人疑懼聯邦的軍隊，自行組合了一支由共和國控制的印古什原住民部隊。

包圍和隔離車臣並未能使其屈服，俄羅斯設定了一個臨界點，但隨即爆炸。此時車臣問題反而變得棘手。在 90 年代晚期，俄羅斯意識到車臣已經成為極端伊斯蘭主義的領域，一個國際恐怖份子的天堂，並鼓動北高加索的其他地區擺脫俄羅斯的統治。車臣的地方衝突有可能轉變成為地區性衝突，且很可能轉為國際性衝突。1999 年 8 月與 9 月，俄羅斯勢力發現很難擊退車臣入侵達吉斯坦的行動。要不是達吉斯坦人（主要是阿瓦爾人 Avars）不願屈從於車臣的主宰的話，俄軍可能無法成功。

俄羅斯政府針對車臣的「反恐怖行動（anti-terrorist operation）」，起初採取很謹慎的方式。剛開始的時候，俄羅斯只提及了車臣周圍的檢疫地帶，接著提到共和國內的安全地帶，隨後提及在德瑞克河北部建立一個解放區。解放區的方案事實上是把車臣分割，將北部車臣領土的三分之一置於俄羅斯的治理下，成為留在俄羅斯聯邦裡就可以享福的一個櫥窗。希望此一誘惑力終能破壞車臣分離主義。

同時，由於俄羅斯軍隊進展順利，使得俄羅斯政府放棄其立場並且決定根除反抗武力，將車臣重新整合進俄羅斯聯邦。哈薩維特協議被這些事件破壞，而俄羅斯聯邦則重申領土完整的原則。

俄羅斯在 2000 年 4 月宣告的軍事勝利，並不等於政治上的解決。對領土的軍事控制是暫時的且僅限於日間對主要的城市和道路。俄軍損失持續升高[14]。軍事佔領可以迫令效忠，但是不能激發忠心。戰爭的暴行只能滋生仇恨。俄羅斯終究必須選擇一個符合車臣自治政府之基本利益的解決辦法，且給予其經濟機會，同時也符合俄羅斯的國家和地區安全的基本利益。

車臣（也是俄羅斯）的悲劇在於車臣一直無法在政治上自我組織，以便在和平時期進行重建，且以建立國家。要達成一個持久的政治解決，前提是要組成一個可靠的車臣當局，基於分權的體制，得到人民和海外難民與流亡者的支持。這個政權必須為車臣制定一部新憲法，並與莫斯科協商其最終的地位。原則上簡單，但這個計畫在實行上極為困難。雖然機會有點渺茫，然而，這是解決俄羅斯的傷痛的唯一方法。

---

[14] 在第二次車臣戰爭的前兩年（1999-2001），俄羅斯軍方損失了超過 3500 人，而第一次車臣戰爭（1994-1996）損失 4300 人，阿富汗戰爭（1978-1989）損失約 15000 人。Trenin 前引書，頁 177。

三、北高加索其他地區

俄羅斯在 1990 至 2000 年的車臣戰役中，已經避免了北高加索地區中聯邦權威力瓦解的危機。然而，即使在宣告軍事勝利之後，此地區仍有許多邊界相關的問題。

在達吉斯坦，有三組與邊界有關的問題。首先是與亞塞拜然的外部邊界（external border），此邊界將列茲金人（Lezgins）隔開成兩半；接著是與車臣的邊界（border）；最後是該共和國內 36 個族群之間的內部疆界（internal boundaries）。

達吉斯坦議會在 1992 年 7 月公開違抗莫斯科，反對與亞塞拜然共建一個邊界機制來嚴厲限制列茲金人之間的往來。當時，聯邦政府選擇不與共和國當局對抗。無論如何，俄羅斯沒有足夠的資源來執行邊界管制。1993 年，俄軍撤出亞塞拜然，一年後，俄軍開始撤出車臣戰爭，此後，邊界日漸穩固。

達吉斯坦受到第一次車臣戰爭與之後車臣動亂之苦。然而在1999 年的車臣戰爭期間，達吉斯坦幾乎將自己捲入另一次戰爭。俄羅斯若失去達吉斯坦，除將產生一個車臣激進份子主導下的地區緊張外，且意味著將失去俄羅斯所僅餘之裡海海岸線與大陸棚的三分之二；也與卡爾梅克（Kalmykia）為了 Nogai 草原出現潛在的領土爭議；阿斯特拉罕（Astrakhan）的穆斯林分離主義可能復甦；莫斯科也可能大幅喪失對伏爾加河——頓河線（Volga-Don line）南邊的整個區域的影響力。

達吉斯坦中不同族群的勢力消長同時也開啟了國內的衝突，使共和國可能分裂成許多交戰的小區塊。1996 年到 1999 年間，Kodor谷中的三個村莊在瓦哈比教派領導之下，成為事實上的迷你國家。

　　蘇聯瓦解後的十年中，車臣是唯一保有明確分裂主義熱潮的俄羅斯領土。兩次戰爭的案例已經降低了此區域中的分離主義。然而，內部的邊界問題仍然存在於北高加索的每一處。北奧賽梯（North Ossetia）和印古什於 1992 年在領土問題上有小規模的衝突。阿迪格（Adygeya）的政治領導人對俄羅斯大部分的黑海海岸線一直到阿布哈茲提出主張，他們不僅追求領土，也想要求獨立。

　　卡巴爾達——巴爾卡爾（Kabardino-Balkania）和卡拉恰伊——切爾克西（Karachaevo-Cherkessia）這兩個雙胞胎共和國曾經接近分裂邊緣，莫斯科總算能在最後關頭加以阻止，但是他們沒辦法重修舊好。1991 年計畫不周的領土恢復法依舊有效，但若解凍此法將打開潘朵拉的盒子。沒有一種解決可以立基於「一個族群控制一方領土」所造成的排他性。主要的問題是俄羅斯政府沒有一貫的政策，甚至沒有一個區域性的廣泛適用的方法以解決北高加索的政治問題。聯邦所能做的最多就是維持北奧賽梯與印古什之間的武裝停火，而且基本上讓當地領導人在管理情勢。不過這些領導人，並未完全掌控當地情勢，包括貨幣、違禁品和武器的流通。

　　橫臥在高加索山的北部，從羅斯托夫到阿斯特拉罕線（the Rostov-Astrakhan line），是俄羅斯南方成為一個巨大且脆弱的中間地帶。真正或假冒的哥薩克（The Cossacks）後裔，遊說莫斯科當局同意他們的地位與供應他們武器。武裝哥薩克人並承認他們傳統的邊界看守人的角色，似乎無法解決任何實際上的問題。相反地，反而會立刻產生更多新的問題。因此，北高加索所有的邊界，均將成為多條戰線。

　　在普欽總統的統治下，強調增加國家實體的力量。在 2000 年的行政改革後，南部俄羅斯實際上已經直屬於總統代表的權威之下，

其總部設在羅斯托夫（Rostov）。而前北高加索軍區指揮官暨第二次車臣戰爭的老兵卡贊切夫（Viktor Kazantsev）成為此區域在後沙皇時代下的第一個總督。

四、南高加索（The South Caucasus）

在蛋糕的第二層是格魯吉亞（Georgia）與亞塞拜然（Azerbaijan），俄羅斯在該地區的邊界問題有三：首先是來自於尚未完成的邊境劃線問題，其次為被分開的各個民族的情形，最後是從阿布哈茲到南奧賽梯到車臣的衝突。在二十一世紀開始前，這些邊界還沒有被正式劃定。俄羅斯與亞塞拜然的邊界只有 70%達成一致意見，與格魯吉亞僅有 40%的確定邊界。

在蘇聯時期，俄羅斯與格魯吉亞是靠著高低不定的地形來模糊地定義他們的邊界。在岡薩胡迪亞（Zviad Gamsa Khurdia）極短的總統任期間（1991~1992），格魯吉亞出版的地圖顯示，包括索契（Sochi）在內延伸至俄羅斯黑海的一條海岸線均為格魯吉亞歷史上的一部分。不過，格魯吉亞並沒有正式的要求增加領土，格魯吉亞努力的去控制前蘇聯時期邊界內的領土。也因此，俄羅斯與格魯吉亞間只有較少的直接爭議。兩國間接所面臨到的大問題，卻相當令人憂心。這問題與格魯吉亞與車臣地區內，兩個有獨立傾向的地區——阿布哈茲與南奧賽梯有關。俄羅斯與亞塞拜然間有直接的領土爭議。而列茲金議題（the Lezghin issue,和奧賽梯一樣是被分開的人民），卡拉巴赫（Karabakh）衝突、和車臣衝突三者同時佔有相同的比重。

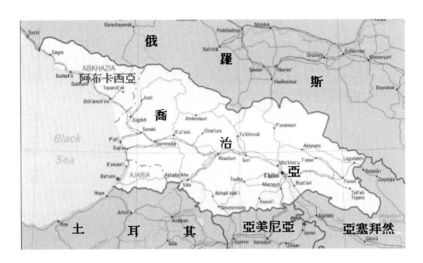

地圖 5-5　格魯吉亞（或譯格魯吉亞）與阿布哈茲（或譯阿布卡西亞）

資料來源：http://blog.yam.com/dili/article/8071491

　　俄羅斯與企圖脫離格魯吉亞的阿布哈茲共和國有共同的邊界。1992 年到 1993 年間的情勢極有利於俄羅斯軍事介入。從此以後，邊界成為俄羅斯對阿布哈茲直接施加影響力，並間接影響格魯吉亞的一個手段，例如改變邊界的機制，施加或緩和制裁，等等。在有關邊界功能的議題上，俄羅斯通常是與阿布哈茲當局打交道。在特比利西（格魯吉亞首府），駐守在阿布哈茲與格魯吉亞軍隊停火線上的俄羅斯維和部隊，有時候被稱為「阿布哈茲的邊防部隊」。

　　俄羅斯軍隊在俄羅斯政府正式或未獲正式許可下，在 1992 年和 1993 年幫助阿布哈茲分離主義份子擊敗格魯吉亞的軍隊。此後，俄羅斯試圖使用阿布哈茲議題對格魯吉亞施壓，同時又拒絕民族主義派要求接納阿布哈茲加入俄羅斯聯邦的呼籲。

　　同樣地，俄羅斯再次由軍方帶領來協助卡拉巴赫的亞美尼亞人鞏固他們控制的地區。在兩個案例當中，莫斯科未能將戰術上的軍事成功轉為長久的戰略成功。容忍鄰近國家內的分離主義，或是在距離本國領土僅 200 到 400 公里外的地方作戰，基本上都會破壞莫斯科在特比利西和巴庫（亞塞拜然首府）的可信度。

　　最後，莫斯科必須認識到阿布哈茲衝突的無法解決，不只損害了莫斯科做為特比利西與蘇呼米（Suhumi，阿布哈茲首府）之間的調停者的可信度，也激勵了北高加索的分離主義者，而且更進一步惡化格魯吉亞與俄羅斯的關係[15]。

　　在南奧賽梯，莫斯科的聯邦政府與北奧塞梯政府採取溫和的立場。儘管 1992 年南部的公民複決要求兩個奧塞梯重新統一，但這個選項從未被認真考慮。儘管境內極為貧窮且有相當多的格魯吉亞少數族裔，與阿布哈茲不同的，他們並未被大規模地驅逐。約有一營的俄軍駐紮在南奧賽梯，名義上是維持和平，但莫斯科當局希望在將來此區域的協議中直接的或是透過北奧塞梯保有其影響力。然而，此影響力並未大幅延伸至特比利西。

　　即使最後的協議被接受，也很難相信在邊界兩側的奧塞梯人將視彼此為外國人。充其量，南奧塞梯與格魯吉亞的關係是薄弱的，俄羅斯不能忽視這點。對莫斯科當局來說奧賽梯據有高加索的中心位置，傳統上且為整個山區最為忠誠的族裔，這給了北奧塞梯一個與莫斯科周旋時的獨特槓桿。

---

[15] 格魯吉亞與阿布哈茲間分裂的狀況，以及阿布哈茲與車臣問題的連結，由 2001 年秋天此地區突發的緊張情勢中可以再次證明。

　　列茲金人是另外一群不同於奧賽梯人的分裂份子，他們在俄羅斯與亞塞拜然中缺乏任何自主的領土形式，在俄羅斯——亞塞拜然邊界官僚的腐敗控制下而感到憤怒。達吉斯坦的種族緊張升高，是由於境內所居住的 Russian Lezgs，且亞塞拜然的國內問題給予了列茲金種族主義豐富的空間，他們認為的國界是沿著 Samur 河，且依季節性的遷移。其他人則要求由本地徵召士兵組成邊防軍。

　　俄羅斯與高加索鄰國間的一些小爭議是有關於穿越戰略上重要的邊界線（如山區隘口）。此類爭議於 1997 年 Daryal 山谷走私酒類進入俄羅斯的海關衝突中浮上檯面。當俄羅斯單方面將檢查哨移入格魯吉亞自認為其領土之內時，格魯吉亞人於是在俄羅斯哨站前舉行「和平遊行」，俄羅斯被迫讓步，邊防局長尼可拉也夫（Andrei Nikolayev）辭職下台。

　　與車臣戰爭相關的爭執更為嚴重，問題出現在 1991 年，車臣對莫斯科的違抗，使得俄羅斯與格魯吉亞和亞塞拜然的邊界情勢益加複雜。這兩個國家是封閉在內陸的車臣對外連絡的走廊。1994 年到 1996 年的戰爭中，莫斯科當局試圖藉關閉邊界來切斷供應線。在一次非常不尋常的協議下，俄羅斯獲得格魯吉亞的同意，在 1995 年沿著格魯吉亞與車臣的邊界在格魯吉亞一側部署俄羅斯邊防軍。俄羅斯從南邊隔離車臣的企圖從未完全成功。1995 年到 1996 年間俄羅斯關閉與亞塞拜然的邊界，此舉激怒了亞塞拜然，因為其陸上交易的主要對象為俄羅斯，但亞塞拜然無法預防車臣藉此獲得戰爭物資。事實上，格魯吉亞與車臣間的共同邊界，以及車臣與亞塞拜然（如同車臣與達吉斯坦）在地理上的緊鄰情況與，由於俄羅斯邊界之極易滲透，使得車臣容易涉入高加索地區的政治。兩次車臣戰爭

期間，車臣與格魯吉亞的直接連繫和車臣與亞塞拜然的半直接連繫均有增加，此情況大大的激怒了俄羅斯。

格魯吉亞於 1990 年指控俄羅斯飛機侵犯領空並且轟炸領土。俄羅斯則指責格魯吉亞容許車臣軍隊在其領土出現。特比利西當局拒絕莫斯科所提共同巡邏車臣邊境之議。俄羅斯軍隊於是攻擊駐在格魯吉亞的車臣軍隊，並追擊越界的叛軍，這些舉動都很可能挑起兩國的衝突，同時也可能導致西方與俄羅斯之間的對抗。歐洲安全與合作組織（OSCE）在格魯吉亞的任務是監控俄羅斯與格魯吉亞邊界上的「車臣地區（Chechen sector）」。此一情勢因以下兩案而愈益複雜：一是由於車臣人住在格魯吉亞的 Pankisi 峽谷中，而該地區只在名義上是由格魯吉亞所控制；另外是阿布哈茲境內的格魯吉亞民兵據有 Kotori 山谷並任意行動。雖然最糟的情況（俄羅斯入侵格魯吉亞）已經避免，只要車臣戰亂繼續拖延，而亞塞拜然的僵局依舊，格魯吉亞仍然存有危機。美國於 2002 年 10 月空襲阿富汗的塔利班，也正是南高加索緊張升高之際。

最後，由於 1921 年在莫斯科簽訂的俄羅斯——土耳其條約，使莫斯科一方面維持其做為土耳其與格魯吉亞邊界之保證人的身份，同時亦保持其做為阿札利亞自治共和國（Ajaria，位在格魯吉亞西南方濱黑海）與亞塞拜然的納希切萬自治共和國（Nakhichevan，位於亞美尼亞境內屬亞塞拜然的飛地）之地位的保證人。俄羅斯地緣政治學者強調梅格里（Megrin）走廊（位於亞美尼亞）的重要性，梅格里走廊把納希切萬自治共和國與亞塞拜然的本土分開，防止土耳其與亞塞拜然有直接連結的土地，使其能夠通往裡海。雖然在當地有少數支持者希望亞美尼亞與亞塞拜然間重啟領土交換計畫（亦即將亞塞拜然西部從 Karabakh 到 Lachin 走廊的一片土地歸給亞美

尼亞，而將亞美尼亞與伊朗接壤的 Zangezur 地區歸給亞塞拜然，使亞塞拜然直接經由陸路連接納希切萬和土耳其）[16]。莫斯科對此抱持懷疑之態度。

第三節　裡海地區（The Caspian Sea）

裡海地區的爭議，在於海洋開發的經濟區域的問題，而資源衝突的關鍵在於疆域之劃分。外海疆域的劃界涵蓋許多層面的問題，包括行為者、時間的範圍、量度規格、和社會、經濟、政治等層面。在評估裡海地區之潛在衝突時，首需瞭解何種類型之資源是衝突的焦點，例如，是石油還是魚子，或是環境保護的問題；另外，這些資源在沿岸國家之間應如何談判以分配其利得，亦是重點。總之，必須注意到裡海的資源除了石油之外，還有別的資源以及許多其他方面的問題。[17]

---

[16] 這指的是「Globe 計畫（Globe Plan）」，為美國外交官 Paul Globe 致力傳播的想法。

[17] Shannon O'Lear, "Resources and Conflict in the Caspian Sea," Philippe Le Billon ed., The Geopolitics of Resource Wars. Resource Dependence, Governance and Violence. London: Frank Cass, 2005. pp.163-4.

地圖 5-6　俄羅斯與黑海、裡海

資料來源：http://blog.yam.com/dili/article/5304406

　　從一開始，俄羅斯一直以與伊朗在 1921 年和 1940 年所簽訂的
條約，來試圖控制大部分的石油資源。這違反了裡海沿岸國家的利
益，他們希望能夠抽取裡海最大量的石油，且希望避免俄羅斯恢復

對此區域的控制。而俄羅斯的支配越來越看似不可能。俄羅斯在裡海議題上主要的對手是亞塞拜然，其由西方的石油公司和土耳其所支持。哈薩克則是對莫斯科所主張之裡海北部之油田有所爭議。由於莫斯科對阿什哈巴德（Ashgabat，土庫曼首都）和巴庫（Baku，亞塞拜然首都）之間的爭執持不一致之立場，使得俄羅斯與土庫曼交惡。

　　最重要的是，由魯科伊石油公司（LUKoil）為首的俄羅斯各石油公司，偏愛石油交易之利益而無視俄羅斯外交部的立場。這使得俄羅斯只有一個選擇，亦即撤回其主張裡海為一特殊水域不受海洋公約法管轄的法律聲明，而試圖利用俄羅斯之龐大國力以拒絕他人自海洋資源獲利。這樣做的話，俄羅斯在此區域中和任何一個國家一樣，容易受到緊張情勢升高的傷害。實際上，莫斯科傾向於採取劃分海床的方式，而不是劃分水域或是海面的方式。該方式曾用在俄羅斯與哈薩克及俄羅斯與亞塞拜然的裡海協議。至於俄羅斯的石油公司，則在普欽總統上任後，均奉命須遵照政府之政策路線。

　　其實，裡海的石油資源對俄羅斯的經濟也許並不那麼重要，真正重要的應該是地緣政治上的意義和對其南圈地帶的外交影響力。例如，2001 年的 911 事件後，亞塞拜然即美國在阿富汗的軍事行動提供支持，並持續表達親西方之立場。布希總統並於 2002 年 1 月取消自 1992 年以來對亞塞拜然的制裁，2002 年 4 月並根據外交援助法案（Foreign Assistance Act）和武器出口管制法案（Arms Export Control Act）對亞塞拜然、亞美尼亞和塔吉克斯坦提供防衛援助。[18]

---

[18] "Memorandum for the Secretary of State," Presidential Determination No. 2002-15, 19 April 2002, distributed by the　Office of International Information Programs, U.S. Department of state, <http://usinfo.state.gov>

這種政策的改變被視為「填補了亞塞拜然地區危險的權力真空,並給予接受俄國武裝的亞美尼亞另一個選擇。」[19]亞塞拜然前外交政策顧問 Vafa Guluzade 美國軍援亞塞拜然和亞美尼亞的政策將「加速美國進入此一地區,並協助亞美尼亞擺脫與俄羅斯的戰略夥伴關係。」[20]美國對亞塞拜然的軍援,包括對其海軍力量之強化,均將使亞塞拜然得以緊緊掌控它的海上疆域和經濟區。[21]

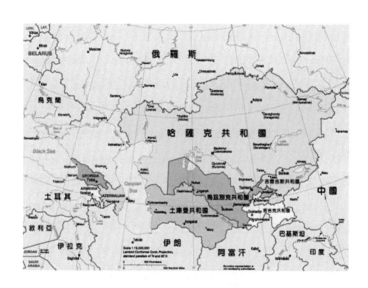

地圖 5-7　中亞、裡海和高加索地區

資料來源:http://news.163.com/40903/4/0VB1Q99O00011234.html

---

[19] V. Socor, "America, Azerbaijan and Armenia," Jamestown Foundation's The Fortnight in Reivew, Vol.8, No.8 (19 April 2002). Billon, op. cit., p.179.

[20] 同前書。

[21] "US Formerly Drops Arms Sales Restrictions on Armenia, Azerbaijian," Agence France Presse, 29 March 2002. 前引書, p.179.

第六章　中亞地區

　　在 1924 年到 1925 年間，史達林（Stalin）按照他個人的意思從俄屬土耳其斯坦（Russian Turkestan）的領土裡，一手劃出蘇維埃各共和國之領土，並劃定它們的邊界，決定其歸屬，實際上用的是分而治之的原則。古汗國如布哈拉（Bukhara）和希瓦（Khiva）與俄羅斯統治的各州同被壓抑，並且無中生有地創造了烏茲別克斯坦（Uzbekistan）、土庫曼斯坦（Tukmenistan）、塔吉克斯坦（Tajikistan）、吉爾吉斯斯坦（Kyrgyzstan）和哈薩克斯坦（Kazakhstan）這些新的社會主義國家。除哈薩克之外，這些新共和國大多數離俄羅斯核心領土非常遠。因此，就俄羅斯而言，中亞的主要問題是俄羅斯聯邦與哈薩克之間的邊界，它是世界上最長的國際邊界。但是，俄羅斯也可能比較不直接地涉入中亞國家之間以及它們與其他亞洲國家之間，如阿富汗和中國，潛在的邊界爭端。從史達林統治時期經蘇聯瓦解到俄羅斯聯邦和獨立國協成立為止，中亞地區各政治體在地位上的演變可以從下列簡表略知其變化之過程與現況。

表 6-1　蘇聯及俄羅斯聯邦時期中亞地區各政治體地位之演變

聯邦成員	創立日期	創立前之狀況（月／年）	1993 年 1 月 1 日之狀況
1. 哈薩克 SSR（附註 1）	1936 年 12 月	哈薩克（吉爾吉斯）ASSR（附註 2）8/1920 RSFSR 的一部分（附註 3）	哈薩克斯坦共和國，CIS 成員（附註 4、5）
2. 吉爾吉斯 SSR	1936 年 12 月	卡拉吉爾吉斯自治州 10/1924 吉爾吉斯 ASSR，2/26-1936 RSFSR 的一部分	吉爾吉斯斯坦共和國，CIS 成員
3. 烏茲別克 SSR	1924 年 10 月		烏茲別克斯坦共和國，CIS 成員
卡拉卡爾帕克 ASSR	1932 年 3 月	哈薩克 ASSRS 內部之自治州 5/1925-3/1932	卡拉卡爾帕克共和國
4. 土庫曼 SSR	1924 年 10 月		土庫曼斯坦共和國，CIS 成員
5. 塔吉克 SSR	1929 年 12 月	塔吉克 ASSR 10/1924-6/1929 屬烏茲別克 SSR 的一部分	塔吉克斯坦共和國，CIS 成員
Gorno-Badakhshan 自治州	1925 年 1 月		Badakhshon 自治鄉

附註：1. SSR（Soviet Socialist Republic）蘇維埃社會主義共和國。
　　　2. ASSR（Autonomous Soviet Socialist Public）蘇維埃社會主義自治共和國。
　　　3. RSFSR（Russian Soviet Federated Socialist Republic）俄羅斯蘇維埃聯邦社會主義共和國。
　　　4. CIS（Commonwealth of Independence States）獨立國協。
　　　5. 中亞的五個共和國烏茲別克斯坦、土庫曼斯坦、吉爾吉斯坦和塔吉克斯坦是由土耳其斯坦（Turkestan）、布哈拉（Bukharan）和和瑱（Khorezm）人民蘇維埃共和國（People's Soviet Republics）演變而來，原來的三個共和國均於 1924 年取消。土耳其斯坦境內哈薩克人居住的部分領土則併入哈薩克 ASSR。

資料來源：Robert J. Kaister, *The Geography of Nationalism in Russia and the USSR.* Princeton, New Jersey: Princeton University Press, 1994. p.413.
翻譯及製表：曾立仁　審訂：許湘濤

　　俄羅斯在此地區所面對的主要問題並非邊界，而是缺乏屏障以保護其不受害於更遠的南方地區的不穩定。這些新近獨立的國家是脆弱的。以阿富汗為基地的好幾百人的叛亂份子，常常任意穿越這些國家的邊界。在 1999 年與 2000 年為了攻擊烏茲別克，他們穿越塔吉克和吉爾吉斯。戰鬥後數周，吉爾吉斯和烏茲別克軍隊才迫敵人退出國境。在塔吉克的少數俄軍只能控制阿富汗北方的部份邊界。從奧什（Osh，烏茲別克首都）到奧倫堡（Orenburg，在哈薩克西北方俄國境內）到鄂木斯克（Omsk，在哈薩克北方俄國境內），實際上沒有屏障來避免這樣的攻擊，同樣的問題也反應在毒品、難民與恐怖份子上。

第一節　哈薩克斯坦

地圖 6-1　哈薩克斯坦

資料來源：http://w3.cyu.edu.tw/centralasia/chinese/pic/Kazakhstan-map.gif

　　裡海石油權利上的摩擦不是俄羅斯和哈薩克之間最危險的邊界問題。歷史上，俄哈之間沒有邊界，只是俄羅斯對外推進的最外緣。當一些哈薩克牧民自願加入俄羅斯時，其他人便會被征服。做為第一個蘇維埃共和國的哈薩克，於 1920 年在首都奧倫堡（Orenburg）宣佈成為蘇俄的第一個自治區，它的地位在 1936 年被提升到共和國。那時許多俄羅斯人建立與居住的城鎮，例如烏拉爾斯克（Uralsk）、阿克糾賓斯克（Aktyubinsk）、彼得羅帕夫洛夫斯克（Petropavlovsk）、塞米巴拉丁斯克（Semipalatinsk）、烏斯卡緬諾哥爾斯克（Ust-Kamenogorsk）和阿克莫林斯克（Akmolinsk）都坐落於俄羅斯聯邦之外。或許這是一種以「蘇維埃國際主義（Soviet internationalism）」做為政治控制之工具的意圖，並加速哈薩克的現代化。哈薩克在 1940 年代開始發展重工業，使得俄羅斯需要從各工業中心派出更多的工人前往哈薩克。1950 與 60 年代，被稱為處女地的哈薩克北方乾草原，湧入了由俄羅斯與烏克蘭為主的移民，其任務是急速擴大蘇聯糧食產量。因此共和國北部，哈薩克人所認為是他們的歷史土地，已深深地俄羅斯化。

　　現代哈薩克是由南西伯利亞、南烏拉爾、以及由俄羅斯移民所開發的中央沙漠區，以及南方地區所組成，但只有後者可以稱為本土的哈薩克人。對於這些哈薩克人來說，他們懼怕俄羅斯垂涎國家的北方，也怕中國覬覦東南方的領土，最後只留下中間的沙漠給他們。為數 600 萬的斯拉夫族裔（其中主要為俄國人），佔哈薩克人口的 40%。然而，北部哈薩克的俄羅斯人並沒有嚴重的民族統一主義的想法。

　　在俄羅斯的觀點中，無論在政治、經濟和戰略上，哈薩克是區域中最重要的國家。俄羅斯與哈薩克長達 7,400 公里的邊界是不需

要完全的設施（在可預見的未來也沒有經費）。相反的，哈薩克自己的邊界，不論是與中國或與其他中亞國家之間的邊界，對於俄羅斯安全相當重要。莫斯科當局與阿斯塔納（Astana，哈薩克首都）協調其區域政策並提供任何必要的協助，這樣的作法是正確的。

若哈薩克不能成為一個真正的歐亞國家，讓哈薩克人和斯拉夫人完全整合，則哈薩克北方居住著大量俄羅斯人的省份，可能會要求分離。哈薩克政府將此視為危險且無法忍受，因此，納札巴耶夫（Nazarbayev）總統決定從阿拉木圖（Almaty）遷都至阿斯塔那（Astana），其位在北方領土的中央。遷都行動並未受到矚目，但重要的影響是俄羅斯人所支配的都市區域因此被稀釋了。到目前為止，種族間的關係尚稱平靜，但未來的衝突仍無法排除。最壞的情況是，俄羅斯哥薩克人的各種組織可能扮演挑釁者的角色，跨越邊界介入內爭而導致哈薩克的內戰。

第二節　中亞內部的問題

中亞五國間的邊界仇隙不會小於俄羅斯與哈薩克之間。這些邊界既未適當劃定，大部分亦未釐清。邊界常常穿過同一族群的聚居之處。塔吉克的古文化中心薩馬爾干（Samarkand）和布拉哈（Bukhara）位在烏茲別克境內，而許多住在該地的塔吉克族，則正式登記為烏茲別克人。另一方面，塔吉克的人口有四分之一是烏茲別克人。在這兩個案例中，這些住民是順著本地和種族的思路去思考和行動，且尚未能形成一致之國家認同。

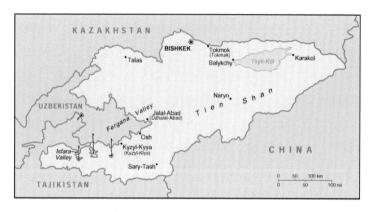

地圖 6-2　吉爾吉斯斯坦和費加納谷地（箭頭指處為飛地所屬之國家）

資料來源：http://w3.cyu.edu.tw/centralasia/chinese/pic/Kyrghyz-map.gif

　　從費加納（Fergana）谷地的例子當中，可以發現由於政治和種族疆界間的不協調所引起的緊張情勢。這地方是烏茲別克、吉爾吉斯和塔吉克領土的交會處。此地區由於 1990 年發生在奧什的種族衝突而成為火藥庫。往後十年，許多烏茲別克人越過吉爾吉斯的邊界安頓下來。另外，吉爾吉斯中有許多烏茲別克的飛地。塔什干（Tashkent，烏茲別克首都）和比斯凱克（Bishkek，吉爾吉斯首都）之間還有 58 個邊界爭議的小案例。烏茲別克軍隊和安全部隊仍不時跨穿越邊界追擊在鄰國尋求庇護的伊斯蘭反抗團體。

　　塔吉克北部的胡羌省（Khujand）是塔吉克與烏茲別克之間嚴重的潛在衝突點。該省的烏茲別克族裔為數不少，但在蘇俄時期，當地的塔吉克人卻是統治階層，卻又和現在統治該國的南部氏族處於長久對立之狀態。到目前為止，塔什干尚能抗拒兼併該省的誘惑。

　　如同高加索地區，支持現有邊界的不可侵犯以避免區域衝突，是合乎理性的。中亞國家的領導人理解這點並在邊界問題上顯示他們的團結。不過這個地區正進入政治和社會高度混亂的時期，我們不能視多年來的自我克制為理所當然。

　　透過政治和軍事的涉入，俄羅斯發現自己捲入了那些定義不清的邊界所引發的事件，有時候甚至違反自己的意願。俄羅斯與中亞的主要盟邦──塔吉克與烏茲別克，他們都非常關注塔利班，卻又繼續爾虞我詐，支持越境的叛亂者。

　　塔吉克與阿富汗的邊界，引起莫斯科最多的關注。而阿富汗、塔吉克和烏茲別克全都捲進了他們之間邊界的持續動亂中。

第三節　塔吉克斯坦和阿富汗

地圖 6-3　塔吉克斯坦

資料來源：http://w3.cyu.edu.tw/centralasia/chinese/pic/Tajikistan-map.gif

　　不久前，俄羅斯給予承諾要保護中亞國家與非獨立國協國家之邊界。俄羅斯有很多人，包括 1992 年的國防部長葛拉契夫（Pavel Grachev），以及 1996 年的國家安全會議書記雷貝德（Lebed），都認為塔吉克——阿富汗邊界是一連串骨牌中的第一張：萬一淪陷，則其他中亞國家將會被伊斯蘭或塔利班所奪，俄羅斯的戰略邊界將被推回到阿斯特拉汗（裡海西岸）甚或到達伏爾加河中游。

　　塔吉克之問題不在於領土爭端，而在於對塔吉克的政治控制，特別是它的南部邊界。1993 年，塔吉克成為俄羅斯整個中亞政策之可信度的測試案例。當時，尼可拉耶夫（Nikolayev）將軍曾經表態說俄羅斯絕對不會從塔吉克——阿富汗邊界撤軍，因為這已經成為俄羅斯的戰略十字路口（strategic cross）[1]。俄國人意識到他們問題的源頭是 1979 年入侵阿富汗，以及在 1992 年春取消對 Najibulla 政權的支持，這兩個案例中，俄羅斯消除了自己的保護性緩衝區。現在，塔吉克已被賦予緩衝國的角色。有人認為，撤出塔吉克將造成比阿富汗失敗更大的錯誤。

　　尼可拉耶夫後來承認在他的聯邦邊防局任內有兩個持續存在的大問題：一個是為邊防局設法籌錢的問題，一個是防衛塔吉克邊界的問題。幾年來，真正存在著一條防線。在 1995 年到 1996 年間，俄國人沿著阿富汗一側的邊界，形成一個約 15 到 20 公里深的「安全地帶」。每當邊防軍接到塔吉克叛亂份子準備越過邊界的情報時，便會進行砲擊轟炸。

---

[1]　從 1880 年代到 1917 年，阿富汗為俄羅斯與大英帝國的緩衝；1920 年代，蘇聯再次發現它的緩衝效用。1978 年，俄羅斯領導人被喀布爾（Kabul）的親馬克思主義派的政變所震撼，決定開始支持該政權，此舉違反蘇聯的最佳利益。

　　儘管莫斯科、德黑蘭與聯合國共同促成了1997年的和平協定，塔吉克仍然是各地區氏族集團的戰場。俄羅斯沒有足夠的資源控制此地區，而控制此地區也不符合俄羅斯的國家利益。事實上，莫斯科是被塔吉克或烏茲別克各競爭勢力利用來追求他們自己的利益。除非考慮到毒品走私的問題，否則在這些情形下，控制邊界是無意義的。然而，對抗毒品問題，需要運用完全不同的策略與手段。

　　1990年代中期以前，俄羅斯成為世界毒品走私的主要運輸走廊。大多數來自阿富汗及南亞的毒品是取道塔吉克與吉爾吉斯，並經由波羅的海國家或東歐輸往西歐[2]。俄羅斯本身也成為主要的毒品消費國[3]。

　　在塔吉克的俄羅斯邊防軍阻止了毒品的流通，但是卻無法全然禁絕毒品問題[4]。在吉爾吉斯的奧什，據稱，在1999年時俄羅斯邊防軍因為毒品販子的壓力而被本地軍隊取代，此地為中亞毒品走私的主要輻輳之一。中亞國家太過虛弱，其官僚亦太過腐敗，所以其邊界管制對這些問題無能為力。

　　俄羅斯資源是有限的，且其官員當然不免會有貪腐的情況發生[5]。俄羅斯當局持續求助於西方國家，毒品輸出的最終目的地，希望他們瞭解俄羅斯在塔吉克所扮演的角色。但是這些呼籲顯然缺乏

[2] 從1992年到1997年，FBS查獲6.4噸毒品，超過四分之三來自塔吉克與阿富汗邊界。而毒品的價格也戲劇性的提高，在 Khorog 每公斤生鴉片價值$100，在奧什每公斤$1500，在比斯凱克則漲到$3000，在俄羅斯則在$8000到$10000元間，在西歐則漲到每公斤$15000。

[3] 根據俄羅斯內政部的說法，有三分之一的俄羅斯學生使用毒品。

[4] 俄羅斯邊防軍一如往常的抱怨來自阿富汗的毒品運輸商，他們將其攔截並交給塔吉克的執法機關，然而他們馬上被釋放並且重新進行交易。

[5] 有種說法認為邊防軍以及軍方官員使用軍方的運輸機具，直接的涉入北方毒品的走私。

可信度。一般認為，俄羅斯只是在塔吉克支援親莫斯科的政府而已，其餘的一切則只不過是順帶的副產品。

同時，來自阿富汗的烏茲別克人／塔吉克人的管理問題，塔利班若佔領北方聯盟的最後堡壘，問題便令人憂心。這些難民有可能使烏茲別克這個區域性的關鍵國家陷入動盪，然後威脅哈薩克，最後，給俄羅斯帶來一切隨之而生的後果。體會到他們的共同利益，1999 年 9 月，在第二次車臣戰爭開始之際，注重安全的普欽總統到烏茲別克進行第一次官式訪問，使烏茲別克與俄羅斯的團結更為緊密。

2001 年秋，美國在阿富汗展開反恐行動之後，此區域的情況有了戲劇化的改變。共同利益再次戰勝了以往的猜疑。俄羅斯與中亞國家支援美國，提供空域與空軍基地給美軍。莫斯科當局決定同意美國軍隊在前蘇俄的領土駐紮，即使只是一時之便，如此作法代表了俄羅斯的安全政策趨向現實主義的一個重要指標。在 1990 年代讓美國與北約在獨立國協境內佈署軍隊的想法是絕對不能容忍的。

第四節　俄羅斯、美國、中國與中亞

一、俄、美、中在中亞的利益與政策

1. 蘇聯解體之後，俄羅斯在中亞地區仍然具有歷史、文化、民族、經濟、政治和軍事等等千絲萬縷的聯繫與利益。因此，

俄羅斯在中亞地區的地緣政治利益是如此地重大，以致於中亞各國都必須表態，視俄羅斯為最重要的戰略夥伴。

2. 美國在蘇聯解體初期和 1997 年間所擬定的中亞地區戰略構想，主要的目的在協助中亞各國擺脫俄羅斯的控制和建立真正的獨立與自主。同時，美國也試圖把中亞納入西方體系，以便於獲取和保障石油與商業利益。為使中亞成為美國的戰略能源基地和鞏固美國在中亞的戰略利益，在美國的建議與支持下，中亞的哈、烏、吉三國在北約範圍內組建了一支維和部隊，並舉行聯合軍事演習。911 事件之後，美國在中亞的駐留更保障了美國在中亞的戰略利益。

3. 中共在中亞的策略以穩定為先，發展為輔，以確保中國大西北的開發無後顧之憂。在上海合作組織和中哈自由貿易區的基礎上，除了經貿上向中亞自由貿易區過渡之外，打擊新疆獨立運動和恐怖主義應是中共最優先的中亞政策。

二、中共在中亞爭奪能源

俄羅斯與中亞地區的油氣蘊藏量對中國大陸的影響可謂重大，由近年中國內部爆發如何建構能源安全政策的辯論可知，其辯論焦點之一為:若自海外購進石油，但目前尚未完整建構解放軍海外投射力量，則應如何確保運輸線安全？爭辯核心在於建立陸上輸油管的

代價雖高，但卻可免除海軍實力不足以抗衡美國等問題，則在經濟代價與運輸風險的考量之下，究竟該如何運輸海外石油？。[6]

　　進一步來說，無論是油氣蘊藏量豐富的俄羅斯，或地處運輸要道的中亞地區，對中國大陸能源安全的建構均至關重要。事實上，中國大陸亦已積極參與一系列在中亞地區的能源爭奪戰，整體來說，其參與動機可歸納為四點：中共積極參與這爭奪中亞與俄羅斯能源的原因可歸納為四：其一，中共不願過度依賴中東與北非的石油，特別是在美國推翻海珊政權佔領伊拉克之後，中共突然失去伊拉克的石油來源；其二，儘管中共的軍事力量已較以往強大許多，但仍不足以確保海上能源通道之安全，特別是經由麻六甲海峽的運輸通道全在美國勢力壟罩之下而受制於美國及其盟友。若能改從毗連相鄰的俄羅斯與中亞進口石油，則可避開美國的威脅。[7]

---

[6]　中國大陸黨政學界各部門在此波以「能源短缺」為題的辯論中，所持立場各異，但其爭論的重點可歸納為三類：如何在增加海外石油來源的同時，降低對特定地區的石油依賴，減少石油對外進口的脆弱性（vulnerability）與敏感性（sensitivity）？爭論的重點在於直接自國際原油市場購買原油與強化石油外交，藉此在海外尋求油田的代價孰輕孰重。其次，建立戰略石油儲備的成本高昂，但對國家安全又至關重要，是否應不計代價建立之，以備不時之需？爭辯的重點在於中國大陸能否負擔建立戰略石油儲備的經濟與技術代價。第三個爭辯焦點為若自海外購進石油，但目前尚未完整建構解放軍海外投射力量，則應如何確保運輸線安全？爭辯核心在於建立陸上輸油管的代價雖高，但卻可免除海軍實力不足與美國干預等問題，則在經濟代價與運輸風險的考量之下，究竟該如何運輸海外石油？詳見：Eric S. Downs, "The Chinese Security Debate," *The China Quarterly*, Vol.177 (Mar. 2004): 21-41; 游智偉，《中國大陸對非洲能源外交之研究》，政治大學中山人文社會科學研究所，2007 年 6 月，頁 90-91。

[7]　Feng, Yujun, "Russia's Oil Pipeline Saga: A new pipeline to supply oil to China and Japan will soon be launched replacing former options". *Beijing Review*, 2004, Vol.47, no.30, pp.10-13.

其三，從地緣政治角度而言，經由連結中國與中亞的陸上能源通道，往東可以繼續朝向中東產油區延伸，往西和往南可以連接東亞能源消費區，透過由中東經中亞至中國的跨國能源管道，將使中國處於「泛亞全球能源大陸橋」（Pan-Asian Global Energy Bridge）的戰略樞紐位置，成為亞洲地區能源生產國與消費國的中繼地帶，大幅增加中共在國際社會上的權力；[8]其四，相較於中東與北非地區政局的動盪不安，中亞與俄羅斯要來得穩定許多。因此，從陸路進口中亞與俄羅斯地區的石油，就成為中共的重要選擇。[9]

再者，在中亞地區的一系列能源爭奪戰可粗分為兩類，其一是較單純、商業性質較高的油氣資源爭奪戰，其二是政治性質較高、牽涉各國主權問題與安全利益的運輸管線鋪設問題。由於俄羅斯豐富的油氣蘊藏量，前者的戰場多位於莫斯科，參與談判的行為者多為各國的油氣公司，其政治性質低於商業談判性質。

第二種能源爭奪戰則為運輸管線的鋪設，這類爭奪戰涉及管線通過國家的主權、關稅與路線問題，究竟地主國同不同意鋪設、若同意鋪設，進入與離開地主國的關稅應如何計算？地主國對鋪設管線路線圖是否另有打算？是否應照顧到地主國的能源需求？與其他國家是否希望參與管線鋪設以維護自己的能源安全，這些均為鋪設管線的過程中會遭遇到的問題。

8　例如，世界第三大石油消費國的日本，其進口石油約90%來自於中東地區，且必須經由麻六甲海峽來輸送，過於依賴單一路線進口石油乃成為日本能源安全之隱憂。因此，在日本推動能源多元化政策之際，若能完成通往日本的泛亞能源陸橋，則將大幅提高中共對日本的影響力。同前註。

9　這也正是中國歷史上「絲路」的古道路線。郭博堯，〈中國大陸石油安全戰略的轉折〉。《國政分析》，永續（研）093-002號。2004。

　　而地主國在輸油管管線鋪設過程中將遭遇的首要利益則為其國際地位或與鄰國議價籌碼將隨管線鋪設而增加，由於輸油管線路經地主國，且基於主權國家互不干預的原則，即使是管線的所有國亦無權派兵保護管線運輸安全，僅能依靠地主國保護，且地主國對輸入與輸出其境內的物資亦有課徵關稅的權利，故其國際地位和其與鄰國和相關國家的議價籌碼將隨之大增。而近年與獨立國協成員國相關的鋪設輸油管線爭奪戰主要有兩個：一為中國與日本對俄羅斯管線的爭奪，另一個是中亞地區的石油管線鋪設問題。

　　質言之，在能源安全問題上，俄羅斯並非中共可靠的盟友；而在美國強化其在中亞之勢力的情況下，中哈石油管道的興建亦不能確保進口石油的安全，中共的能源安全依然壟罩在美國霸權的陰影下。[10]

　　另一個跟獨立國協成員國相關的管線鋪設問題為中亞能源運輸通道，參與這場運輸通道爭奪的主要行為者為中國、哈薩克、印度、美國與俄羅斯，此事乃由中國在 1997 年向哈薩克斯坦提出中哈石油管道建設專案。但因 1998 年的亞洲金融風暴影響，與哈薩克石油生產能力未達中共要求的每年 2000 萬噸的目標，這個由哈薩克阿塔蘇，經中哈邊境阿拉山口至中國新疆獨山子的計劃遭到擱置。自 1997 至 2003 年，中國每年僅通過鐵路從哈薩克進口約 150 萬噸石油。[11]

　　但九一一事件爆發後，中國受到美國勢力深入中亞的刺激、俄中石油管道的失利，與中國大陸石油需求高速成長的壓力，中共開

---

[10] Ruppert, Michael C. "The Russian Pipeline Decision." *FTW*, January, 2005. http://www.fromthewilderness.com

[11] 郭博堯，〈中國大陸石油安全戰略的轉折〉。《國政分析》，永續（研）093-002 號。2004。

始重新考慮中哈油管興建計劃。2003 年 6 月，在中共國家主席胡錦濤訪問哈薩克期間，哈薩克國家石油天然氣公司和中國石油天然氣集團公司，簽署「關於共同就分階段建設哈中管道問題進行投資論證的協議」。2003 年 7 月，中哈雙方再簽署「關於加快建設哈中管道前期工程和對建設哈中天然氣管道進行可行性研究」的備忘錄。[12]2004 年 9 月 28 日，中哈輸油管線開始鋪設，從哈薩克的阿塔蘇(Atasu)至中國新疆獨山子，全長 1000 公里，已在 2005 年 12 月竣工。此管道每年將提供中國 1000 萬噸的石油，2011 年後提升至 2000 萬噸。[13]目前哈薩克的裏海石油已可輸送到中國位於新疆的煉化基地。

　　此外，在 2004 年中哈石油管道確定動工後，中哈兩國開始就興建跨國天然氣管道的可行性進行研究，如果成功，哈薩克的天然氣將經由中國大陸既有的「西氣東輸」管道供應長江三角洲工業區。[14]

　　對中國而言，中亞是中國大陸石油安全的唯一突破口，而重點就在中國大陸與哈薩克的油氣管道。該管道竣工後，哈薩克不但可獲得一條不必經由俄羅斯的油氣出口通道，對中共的地緣戰略意涵更遠遠超過油氣運輸的價值。短期而言，俟中哈管道竣工後，該管道即可在阿塔蘇一地與俄羅斯通往土庫曼的鄂木斯克(Omsk)-查爾

---

[12] 同前註。

[13] 趙嘉麟，劉蓉蓉，〈中哈石油管道 9 月開工，預計 2005 年年底建成〉，《新華網》，2004 年 9 月 15 日。http://www.xinhuanet.com/

[14] An, Yupei,　Zhao, Houxue and Zhu, Wenda., "Natural Gas Development Strategies of China's Three Oil Giants." *International Petroleum Economic*, 2002, Vol.10, no.8, pp.30-34. 許濤，〈中亞國家安全戰略取向與中國西部安全環境〉。《博訊》，2004 年 12 月 24 日。http://www.peacehall.com/

朱（Chardzhou）輸油管道相交，從而與俄羅斯的西西伯利亞管道網連接。俄羅斯也可以通過阿塔蘇-阿拉山口管道向中國出口石油。

此外，就遠程擴張而言，該管道可向中東產油區延伸，經土庫曼斯坦進入伊朗，而取得中東的石油；亦可經由中亞向西突破，故中共近年亦積極加緊開拓裏海地區另一個主要國家亞塞拜然（Azerbaijian）的能源市場。2005 年 3 月，亞塞拜然總統伊爾哈姆・阿利耶夫訪問中國，中國承諾加大對於亞塞拜然的投資，雙方簽訂總價約 1000 萬美元的合同，合作領域除了傳統的油氣項目之外，也涉及機械加工與製造、紡織業以及農業等項目。[15]

對中國來說，中哈石油管道的建立有助於中國提昇其對中亞五國的影響力，並進一步深耕上海合作組織在中亞五國的功能性與影響力，從地緣觀點考量，若中亞國家不願通過俄羅斯出口貨物，中國大陸則是中亞國家東向的唯一選擇，且可直接與當前全球經濟發展速度最快的中國大陸市場結合，中共亦可藉此擴大其與中亞的經貿關係，進而推動上海合作組織的發展。

若上海合作組織的影響力進一步提昇，則其原本主張穩定區域、反恐怖主義等功能將得以提昇，而更顯著的影響是中共皆可藉由油管深入中亞，且在顏色革命後中亞國家與俄羅斯要求美國從中亞撤軍的大背景下，將可進一步制衡美國影響力，但隨之而來的也將是美、中、俄三大強權在該區域的勢力競逐。

---

[15] 位於裏海岸邊的亞塞拜疆，因為擁有豐富的石油和天然氣而聞名，年產石油量達 1500 萬噸，位於其首都附近的巴庫油田是世界上最大的油田之一。「中國與阿塞拜疆共和國的經貿關係」。中國國務院外交部。http://www.fmprc.gov.cn/

　　而對中亞諸國，特別是哈薩克斯坦而言，石油管道的建立除有助於提昇他們與中國的議價能力外，更提供了他們在俄羅斯與美國之外的戰略合作選擇，這對在爆發顏色革命後的中亞國家來說，這個戰略合作選項更顯重要，也來得及時，無須在近來隱隱再現的美俄衝突中選擇，反可選擇一個衝突性較低的中國。其次，由於中亞國家地處內陸，原本俄羅斯為其出口貨物或原油的必經之地，但管線的建立與其對中國議價能力的提昇，亦提供其出口貨物的另一選項。

　　但最重要的是，從目前可見的中哈石油運輸管線建立與議價過程中，最大的得益者並非中亞五國，也非哈薩克斯坦，而是中國，此除因中國相較中亞五國強大的國力外，更重要的是中國扼守中亞五國東向運輸的關鍵要道，但中亞五國僅扼守中國大陸西向運輸能源的關鍵，且中亞五國若放棄東向運輸貨物，則其將回到過去僅由俄羅斯或南向出口的方式，但中國卻可尋找替代運輸管線，例如曾喧嘩一時的海上運輸管道珍珠鍊。亦即若中亞五國與中國的能源運輸合作破裂，中亞五國將可能無法承受這種政策改變的脆弱性或敏感性，而中國雖仍將因此受傷，但其卻對政策或環境變化的脆弱性與敏感性仍高於中亞五國。

　　進一步來說，若中國未來成功建立經由短程海運，並於中東地區上岸，再經由中東與中亞地區錯綜複雜的石油管線將其在中東、非洲與中亞獲得的石油與天然氣，經中亞運輸管道，特別是經過哈薩克斯坦的運輸管線輸送回國，這樣的作法雖將大幅降低中國原油運輸的成本，並提高其運輸安全性，但由於中亞五國所扼守的乃是中國大陸大部分能源輸入的關鍵要道，中亞五國對中國的議價能力

將大幅提昇，而中國與中亞五國的關係與上海合作組織的性質亦將
隨之轉變。

三、美國是關鍵因素

　　總體而言，維持中亞的世俗政權和根除恐怖主義的威脅符合
俄、美、中三方的利益，也是美、俄、中作為中亞地區主要外部因
素的存在基礎。因此，這三個大國在中亞地區顯現出既相互制約又
利益交叉的態勢。這種態勢在可預見的未來仍將持續下去。然而，
美軍在中亞的駐留將是一個值得注意的變數。

　　阿富汗戰爭之後，美國在中亞的駐留，及其駐留的時間長短、
駐留的形式與功能，將是影響中亞情勢與上海合作組織未來發展的
關鍵因素。中俄關係仍將不變，伊斯蘭極端主義的威脅仍將持續，
但是，只有美國是一個可加可減的干預變數。

　　如果美國長期駐軍，而且願意協助這些政權打擊伊斯蘭暴力團
體；那麼，俄羅斯和中國的軍事力量就可能不再是被需要的，甚至
是不被歡迎的。然而，從最近的發展來看，這種情況並未發生。推
其原因，一方面是俄、中兩國均已加強維繫與中亞諸國的政、經、
軍關係；另方面，美國為了全球反恐戰爭的需要，不得不照顧俄、
中的利益，尊重其勢力範圍，以獲取俄、中的配合。

　　由此觀之，只要上海合作組織不妨礙，甚至有益於美國的全球
反恐大計，美國當不致於煞費苦心去破壞它。當然，美國會極力要
求與上海合作組織協調，或參與其事，甚至參加成為會員國，以維
持美國的全球霸業。

四、上海合作組織與反恐護邊

1996 年，俄羅斯、哈薩克、吉爾吉斯和塔吉克與中國簽署一項邊界條約，對現有的邊界稍微調整後加以確認，並同意一套信心建立措施與邊界地區的裁軍措施。中俄在 1967 年與 1973 年關於哈薩克領土所造成的邊界武裝衝突目前已經解決。他們組成「上海五國」（Shanghai Five），此為一個制度化的高峰會議安排[16]。1999 年中亞內部安全情況的惡化，促使使該團體聯手一致消滅「國際恐怖主義」。

中國在中亞地區主要關注的焦點為新疆的穩定，該地區說突厥語的穆斯林維吾爾族分離主義份子頗為活躍。2001 年的 911 事件後，此問題更加敏感。中國也因此需要與哈薩克和吉爾吉斯的合作。中亞各國雖然願意合作，但多處於不穩定與虛弱的狀態。中國雖然樂見俄羅斯留駐當地且保有一定的影響力，但長期來看，中國希望能逐步地取代俄羅斯成為中亞的外部主導力量。

由於身為「上海五國」的一員，且處理前蘇聯解體後的邊界問題，中國於 1996 年正式地參與中亞地區的安全問題。而「上海五國」由一開始鬆散的組織，逐步成為一個地區性的安全機制，且於 2001 年成立「上海合作組織」。「上海合作組織」不但使中國對於中亞的安全議題有了發言權，且與俄羅斯形成一個地區安全的交叉保證。

---

[16] 「上海五國」成立於 1996 年 4 月，創始成員有中國、俄羅斯、哈薩克斯坦、吉爾吉斯斯坦和塔吉克斯坦。2001 年接受烏茲別克斯坦加入，成為「上海六國」。同年 6 月 15 日發表「上海合作組織宣言」，正式成立「上海合作組織」。上海合作組織現有正式成員 6 國，另有觀察員 4 個:印度、伊朗、蒙古和巴基斯坦。http://en.wikipedia,org/wiki/Shanghai_Cooperation_Organization

然而，中亞對於中國存有相當程度的恐懼感，例如哈薩克害怕中國計畫併吞其東南方肥沃且水源豐富的巴爾克什湖（Lake Balkhash）和東北部的額爾濟斯河流域（Irtysh River，該河注入齋桑泊）。

　　現在以及可預見的未來，中國與俄羅斯會聯手對抗新疆維吾爾族少數分離主義問題。然而，中國的日益增強的國力可能開始對俄羅斯展現出作為在中亞地區領導的主要力量。

第七章　遠東地區

第一節　俄羅斯的遠東地區

一、歷史的遺緒

在俄羅斯的各個地區中，遠東是獨特的，其邊界在 1990 年代期間幾乎沒有什麼改變。自蘇聯崩潰以來，俄羅斯在遠東地區的邊界逐漸穩固，甚至改善。然而，俄羅斯的地緣政治命運可能會在遠東和西伯利亞受到考驗，甚至可能在 21 世紀裡被決定。

之所以如此的一個原因是這個地區本身的狀態。近四個世紀以來，帝俄和蘇俄政府剝削西伯利亞豐富的資源，像對殖民地一樣地對待它。其開發模式有二：先是設立軍事前哨和從事皮毛貿易，然後是農民的殖民地化和政府的遷徙政策。在 20 世紀，遠東和西伯利亞是非常「蘇維埃化的（Soviet）」地區，從經濟（國防工業和原料開採）、社會結構到生活方式均是如此。它也是俄國大文學家索忍尼辛（Aleksandrs Solzhen）所說的古拉格（Gulag）集中營的所在之處。

在後蘇聯的十年間，遠東各省區經濟持續衰退，人口減少，與俄羅斯其他部分的接觸大量中斷，恐將導致此一偏遠之領土與歐俄

（European Russia）或是俄羅斯本土漸行漸遠，故該地區常被稱為烏拉山（Urals）以東。

原則上，遠離歐俄有數千哩之遙的這些遠東省份，其經濟脫歐入亞的新取向將對鄰近的亞太地區產生深遠的意義。然而，其發展之方式已造成經濟資源的錯置和災難。

一個主要的外部因素是崛起的中國。正當俄羅斯遠東與歐俄之間的連結逐漸稀薄之際，中國的經濟拉力卻持續影響該一地區，最終將轉化為中國政治影響力的上升，其結果不僅將從外部影響俄羅斯，而且將影響俄羅斯的內部。僅僅十年（90年代），兩國間的權力平衡已戲劇性地轉變成對中國有利。遷入俄羅斯的中國人日益增多，從而可能改變地方人口中的種族成份。在此種情況下，1991年莫斯科與北京已正式解決的邊界問題很可能再次出現。

其次，在俄羅斯與日本之間仍有未解決的領土問題，這是締結正式和平條約與增進雙邊關係的主要障礙。日本幾乎不可能放棄它對千島群島（Kuril）與庫頁島（俄名：Sakhalin 薩哈林島）的主張，因此，領土的調整，即使有可能發生，也會是一個漫長而艱辛的過程。

最後必須記住的是東亞仍有相當多的領土爭執，牽涉了該區域幾乎所有的國家，包括中國、日本、韓國、越南、菲律賓及其他國家。

二、俄羅斯遠東的少數民族

　　俄羅斯遠東嚴重的經濟和社會危機，人口的快速減少，及其與歐俄聯繫的鬆弛，引發了區域分離主義的幽靈。1920 至 1922 年間，曾經存在於貝加爾湖東方的遠東共和國（Far Eastern Republic），其模糊曖昧的經驗也有激勵的作用。另一個需要密切注意的是雅庫特（Yakutia/Sakha 又名薩哈），位在東西伯利亞，區域遼闊，擁有豐富的天然資源。兩者均令人擔心。然而，地方當局的選擇是不受控制而非獨立。雖然他們力爭建立自治的領地，俄羅斯遠東地區的總督們卻競相爭取莫斯科的補助。

　　唯一企圖分離的實例是土瓦（Tuva）。據信此一由外國鼓動的民族統一主義其可能僅及於布里亞特（Buryatia）。布里亞特共和國之原住民人口與蒙古人有密切的關聯。儘管蒙古（Mongolia）聲稱擁有 2,300 平方公里之土瓦領土，和 120 平方公里布里亞特領土，但這些主張迄今並未造成嚴重的問題。泛蒙古主義（pan-Mongolism）只是存在過很短的一段時間，在俄羅斯歷來被視為是日本的一個政策工具，目的在削弱俄羅斯和中國。一個更複雜的問題與中國有關。有些俄國人懷疑，中國有一套隨機應變的計畫，包括在濱海邊疆區（Primorye）宣佈獨立時，「參與」治理濱海邊疆區。

第二節　中俄邊界與中俄關係

一、邊界劃線與戰略夥伴關係

　　俄羅斯與中國現在的關係可以從政治關係的急速改善，以及俄羅斯大規模的武器與科技轉移中觀察出來。而隱藏在這些表象之下的則是俄羅斯對雙方關係與日俱增的不安。1990 年時，中國與蘇聯按 GDP 的比較尚被認為是實力均等的兩個政體。到了 1999 年，俄羅斯的領導人就不得不承認中國已經領先。莫斯科一位知名的學者稱這是「自從韃靼──蒙古入侵歐亞大陸以來最可怕的一次地緣政治競爭」[1]。而對於居住在遠東俄羅斯的學者來說，領土爭議是俄羅斯的中國問題的「核心」[2]。

　　蘇聯解體後，中俄邊界總長度已由 7100 公里減少到 4529 公里。這道已經存在了 300 多年的國界一向是世界上最具衝突性的議題之一。這期間的增增減減都來自於俄羅斯對亞太地區的擴張。事實上，這塊由俄國佔領的區域從來不是中國本土的一部分，而是住著非漢族人口的一些零星的領土。1858 年的璦琿（Aigun）條約與 1860 年的北京條約成為現今疆界的原始的法律基礎，而那也意味著沙皇

---

[1]　Alexei d. Bogaturov, "Pluralisticheskaya mnogopolyarnsti i interesy Rossii (多極體系與俄羅斯的利益)," *Svobodnaya mysl* (自由思想), 1996, No.2, pp.25-36. 引自 *Vneshnyaya politicka I bezopasnost sovremennoi Rossii* (外交與俄羅斯主權安全), A Reader, Vol.1, Book 1. Moscow: Moscow Science Foundation, 1999, p.92.

[2]　例如，V. Larin, *Kitai i Dalny Vostok Rossii* (中國與俄羅斯遠東). Vladivostok, 1998, p.6.

帝國俄羅斯區域霸權的崛起，與中華帝國的衰落，並失去了其主宰地位。

19世紀末，俄羅斯大規模的滲透滿州（Manchuria）使邊界深置於俄羅斯的勢力範圍之內。俄羅斯在亞洲的競爭對手——日本——的崛起，促使俄羅斯開始鞏固中國的邊界。1931年，日本佔領滿州，促使蘇聯對黑龍江與烏蘇里江上的所有島嶼實施控制，並單方面地將邊界推到中國一側的江岸。由於日本在二次大戰的戰敗，此一強化邊界之行動迄未被宣告無效。

這部分邊界的問題，在50年代中蘇十年的聯盟期間一直都被忽略，直到中蘇分裂後才開始浮上檯面。毛澤東與其他中國領導人首先譴責1858年與1860年的條約是「不平等的」，並且認為有約150萬平方公里的蘇聯領土是「被兼併的中國土地」。但是在外交上，中國從未正式做出這種聲明，只要求莫斯科承認有這個領土爭議。自1964年以來展開的邊界談判，北京政府只提出20項有關邊界的小幅調整供莫斯科考慮。而當時的蘇聯視中華人民共和國為潛在的對手，因而拒絕放棄邊界河流的完全控制。1969年3月，中蘇兩國軍隊在烏蘇里江（Ussuri）的一個小島上發生衝突，使亞洲大陸兩大強權彼此面臨一場戰爭。

隨著中蘇冷戰的結束，1991年5月，關於邊界東段的問題終於達成了一個協定。莫斯科決定依照國際法行事，規定河流疆界應以深水航道為界。該協定於1992年2月由俄羅斯國會批准。1994年9月的一項協定則確定了西段的邊界。其後的一些協議則規定了邊界地區的部分非軍事化和信心建立措施。剩下來的僅有21公里長的共同邊界仍有爭議。俄羅斯政府堅持哈巴羅夫斯克（Khabarovsk或譯伯力）附近的兩個極具戰略性位置的小島以及愛琿河附近另一小島

應該屬俄方；中國則堅決反對。有趣的是，儘管兩國政治關係與戰略對話穩定成長，俄羅斯的武器及科技也不斷銷往中國，北京仍然對此一棘手之問題立場堅定。

1996 與 1997 年又補充了兩個協定，達成信心建立措施和相互裁減邊界地區的武力。這些約定限制雙方在邊界附近的軍事活動，以及沿邊界 100 公里寬的地帶可佈署之重武器與人員數量的上限。2001 年 7 月，中俄在北京簽訂了為期 20 年的友好條約，確定了現在的邊界線。

中俄雙方在邊界問題上的共識源自於雙方均願意結束 30 年來的對抗，並且正常化和擴展雙方的關係。莫斯科的談判者也明瞭，時間不必然站在俄羅斯這一邊，領土的不斷爭議也不符合國家的最佳利益。1991 年的俄羅斯仍然被視為超級強權，而來自北方的威脅也始終讓中國領導人感到害怕。這也是為什麼鄧小平以降每一代的中國領導人都要極力加強對俄羅斯的關係。

中俄關係的發展，根據各階段關係之性質及所簽署之文件，經歷了五個階段：相互視為友好國家（1991.12－1994.9）→建設性夥伴關係（1994.9－1996.4）→戰略協作夥伴關係（1996.4－2001.7）→深化戰略協作夥伴關係（2001.7－迄今）。[3]無論以何種角度對歷史

---

[3]　連弘宜，〈世紀之交的俄羅斯東亞政策──析論俄中兩國「戰略協作夥伴關係」之運作現況〉。《國際關係學報》，第 21 期，2006.1。頁 93-94。其他學者則有大同小異的觀點，例如，Jeanne Wilson 分析過程的本身，認為有以下階段:中俄初步接觸→中俄關係升級→「戰略夥伴關係」的制度化→葉爾欽總統卸任前的奠基工作→俄中睦鄰友好合作條約。Jeanne L. Wilson, *Strategic Partners. Russia-Chinese Relations in the Post-Soviet Era.* New York: M.E. Sharpe, Inc., 2004. 樓耀亮則認為中俄關係已完成了如下的發展過程:一般正常化關係→睦鄰友好關係→建設性夥伴關係→戰略協作夥伴關係→中俄睦鄰友好合作條約。樓耀亮，《地緣政治與中國國防戰略》。天津：天津人民出

進行分期，鑒於中共似乎顯示出比較強烈的主動意願，我們可以假設中共的地緣政治觀和戰略思想是中俄關係發展的基本動力，並得以克服雙方在邊界和領土上的歧見，而終於訂定國際上罕見的中俄睦鄰友好合作條約。[4]雖然中共一再強調中俄在反霸問題上的協調與合作並非中俄結盟，不過，正如軍方的一位學者所說：

> 這種協調和合作只會在中俄戰略協作夥伴關係的框架內進行，而不會發展到五十年代的結盟關係。**公開**結盟不僅不符合和平與發展的時代潮流，也與我國獨立自主的和平外交政策相抵觸。同時，結盟會置美國與西方國家於我國的敵對地位，這在西強東弱的形勢，下將使我處於被動境地，不僅會限制我國在外交上的自由度，也不利於我國的經濟發展大局。因此，在經濟和外交上實現全方位開放的同時，在政治、軍事和安全領域加強與俄的合作和協調，增強制約世界霸權主義的合力，以維護我國的主權和安全，這才是中俄反霸合作的基本內涵。[5]（粗體字為筆者所加）

但是由於中俄睦鄰友好合作條約似乎不符合中共的標準作業程序，所以人們無法不疑慮中共所宣示的「不結盟、不對抗、不針對第三國」的原則。因此，中俄睦鄰友好合作條約可以說是國際政治裡的一個特例，更顯示了地緣政治規律的作用和中俄兩國對地緣政

版社，2002.6。頁155。

[4] 例如，中國現代國際關係研究所編著之國家安全戰略年度報告將俄羅斯視為中國的「大周邊戰略依托帶」，並建議「須加強與俄羅斯的經貿、科技、能源及戰略利益的『捆綁』」，顯然代表官方的觀點。中國現代國際關係研究所，《國際戰略與安全形勢評估2001/2002》。北京：時事出版社，2002。頁76。

[5] 樓耀亮，前引書。頁222-3。

治的精心運用。於此，中俄戰略協作夥伴關係不能只是從針對美國和反霸權主義的角度出發，中共對俄羅斯的地緣戰略還需要從更廣泛的視野和更長遠的籌謀來策畫。所以，樓耀亮進一步指出：

對俄地緣戰略，一是要進一步發展兩國的戰略協作夥伴關係，並利用兩國地緣上毗鄰的有利條件，背靠對方，形成地緣政治合力，以共同對付共同面臨的各種問題和威脅；二是要努力解決與俄羅斯間的各種分歧，不斷擴大兩國的共同利益。防止重新振興的俄羅斯與我國走向對立。[6]
（粗體字為原著所加）

同樣地，為了促進和鞏固俄中之間的共同利益，俄羅斯也必須在領上做一些讓步。但是，俄羅斯政府也受到來自國家杜馬（Duma）內民族主義勢力的批評和地方當局的反對。許多居住在邊界的俄國人不滿政府將他們世代居住的土地割讓出去，這是可以理解的。而由於俄國的讓步，中國將可在圖門江興建深水港甚至軍事基地，並得以通往日本海。

現在，俄國人擔心的是邊界協定只能凍結目前的局面，直到中國感覺到她已經強大到足以對俄羅斯提出要求為止。對邊界的主張可以多達 150 萬平方公里的面積，包括海參威（Vladivostok）、哈巴羅夫斯克（Khabarovsk）和貝加爾湖以東大量的俄羅斯基礎設施，此個幽靈並未完全消失。隨著中國在 1997 年收回了香港，99 年的澳門，現在全力集中在台灣問題上，在昔日歐洲帝國主義消退的情況下，俄羅斯現在面臨的問題已經不是「是否」，而是「何時」會輪到俄羅斯的遠東。

---

[6] 同前書。頁 229。

　　當然，俄羅斯遠東在族群上是完全不同於香港、澳門或台灣的。事實上那裡完全沒有會讓人想起中國的東西。然而中國人在這塊區域卻是穩定且慢慢地增長。目前,在這裡有少數長住的開墾者,極少數的混血通婚,以及中國人擁有的些許財產。但是，更重要的是，這裡的中國人不論是在貿易上或是在農業生產上均較具競爭性。因此，當地俄羅斯居民的防衛心則越來越強。在未來的日子裡，中國人的地位將會因為經濟上的成就，而非政治上或軍事上的緣故，而日益受到重視。

二、移民問題與中俄關係

　　1897 年時，帝俄的總人口數約為 1.29 億，佔全世界的 8% 左右。而蘇聯也是世界上人口第三多的國家，僅次於中國與印度。目前俄羅斯的人口約為 1.45 億，佔全世界的 2.5%，排名與巴基斯坦相仿，約為第六或第七位。其人口數可與日本的 1.25 億相埒，歐俄部分的人口約等同於德國的 8100 百萬人。在 20 世紀的最後十年，整個俄羅斯的人口數由 148 億減少為 145 億。在 1992 年到 1997 年之間，俄羅斯的人口銳減了 420 萬。要不是有來自於新獨立的國家的移民人口，減少的數目會更驚人。俄羅斯國家統計委員會推估人口的持續減少，將使俄羅斯在 2015 年時僅餘 1.38 億人。甚至一些傳媒預測在 21 世紀俄羅斯人口將減少一半。俄國總統普欽在第一次國情報告中指出，整個俄羅斯的人口目前是每年減少 75 萬人，且在增加之中，到 2015 年總共將減少 2200 百萬人，是目前人口數的七分之一。而俄羅斯族人口的銳減比俄國總人口的減少更加嚴重許多。

俄羅斯是世界上人口稠密度最低的國家之一（每一平方公里約有 9 個人，相對於日本的 337 人，德國的 230 人，中國的 118 人，以及美國的 27 人）。感覺最明顯的莫過於俄羅斯遠東。1999 年以前，中俄在遠東地區的人口的消長可由下表略知一二。

表 7-1　中、俄在遠東地區人口消長之比較

	俄羅斯遠東（南方地區）	中國東北
人口（單位：百萬）	5.0	104
每平方公里人口密度	3.8	132
人口成長率，單位：千	-40	1,000
區域 GDP 成長率	-8%	13%
工業 / 農業成長率	-12 / -15	14/8

資料來源：Petr Baklanov, "Geografichskie, sotsialno-ekonomicheskie i geopoliticheskie factory kitayskoi migratsii na rossiyskii Dalnii Vostok (俄羅斯遠東的中國移民之地理、社會經濟的因素)." In *Perspektivy Dalnevostochnogo regiona: kitayskii factor* (遠東地區展望：中國因素). Moscow: Carnegie Center, 1999. p.3

中國經濟與人口的擴張讓俄國當地政府和國家邊防局提心吊膽。沒有可靠的數字可以了解目前俄國境內到底有多少中國人，有人說應該有好百萬。有人懷疑這是中國一個偉大的計畫，利用大量移入的人口將俄羅斯遠東納入中國。事實不然：許多中國人到此尋找經濟上的機會，也有許多人只是利用此地當做進入歐洲的跳板。

1989 年時，俄羅斯境內的中國人口只有 11,000 人，十年之內，增加了至少 20 倍。隨著俄羅斯國內的情況好轉，估計中國的移民人

數也會再增加。一些俄羅斯專家預測在 21 世紀中期，中國人將會成為俄國境內第二大族群，僅次於俄羅斯人自己。

1991 到 1992 年間，自中國進口的糧食保障了俄羅斯遠東居民的存活，相對於俄國的農業生產，中國的農產品仍然具有高度的競爭性。廉價的中國消費品幫助這個地區穩定了社會局面。

韓國人是另一個明顯的替代方案，一部份來自前蘇聯（1930 年代期間有上千上萬的韓國人移居中亞，主要是在烏茲別克斯坦），另一部分來自北韓。北韓的伐木工長期以來居住在濱海邊區（Primmorye）的營地中。1992 年，俄國停止發給韓國人長期合約。基於相同的一個理由，俄國人對韓國人的恐懼不亞於，甚至有過於，中國人。因為俄國人擔心：隨著大量移民的擁入，將會起而要求自治，最終可能會被將來統一後的強大的韓國所兼併。

2000 年 1 月，俄羅斯與南韓簽訂一項協定，將濱海邊區內 7,000 公頃的荒蕪的土地租給韓國的農民耕種。所以有人認為兩個韓國正在默默地與中國競爭著進入俄羅斯遠東。因此有人建議俄國當局利用韓國人來抗衡中國人。2000 年是莫斯科與平壤關係的一大轉捩點。2000 年 2 月，俄韓簽訂一項新的條約，同年 7 月普欽成為第一個訪問北韓的俄國元首。

亞洲的大量移民對俄羅斯來說是項非常嚴峻的挑戰。因此一個全新的思維方式以掌握情勢。隔離和強化移民的控制不是長久之計，因為邊界相當長且容易滲透的，而腐敗也是根深蒂固的。更重要的是，為了鞏固俄羅斯在遠東的地位，俄羅斯將需要更多而不是更少的移民。另一個與中國移民不同的來源就是由獨立國協（CIS）和波羅的海的俄羅斯族裔取而代之。

　　但是，由於歐俄人口的短缺以及缺少誘因，故自願的移民似不可求。所以，俄羅斯必須求助於亞洲勞工（主要是韓國人和中國人）。然而，這種方法就像一把雙刃劍。除了國內的政治意義之外，文化的巨大差異使得俄國人與中國人無法緊密地互動，中國移民的同化也非常緩慢且不完全。由於鴻溝太深，任何一方（尤其是俄國人）都不期望建立更親密的關係。只有極少數的中國人願意永遠住在俄羅斯。

　　俄羅斯需要採取一套有前瞻性並具鼓勵性的政策，來與過去做個清楚的了斷。這些政策應該規劃出俄羅斯對於勞工的確切需求，發展雇用的標準，以及歡迎、照顧並且歸化這些亞洲移民。俄國人要避免任何一個單一的移民族群過於龐大。俄國人應廣招越南、印度和其他亞太國家的移民，只要他們能確保俄羅斯遠東的亞洲化不至於淪為中國化。在這方面，俄羅斯可以借助於美國、加拿大和澳洲的經驗。

　　俄羅斯需要採取一套入境的標準，建立外國人的居留身份，制度化歸化的程序，並發展課程以教導外國移民俄羅斯的文化和語言等等。政府必須努力確保新移民能夠融入社會，並且效忠地主國，也必須深入思考政治參與的問題。

　　這種有控制的跨界移民，其結果不會是美國式的民族大鎔爐或是多元文化主義的沙拉拼盤，反而較接近以往俄羅斯的帝國主義以及現今法國的模式，歸化的外人將被認定為具有公民權的「俄羅斯人」，但不做種族上的區別。而無論如何要避免的是恢復前蘇俄以族裔為單位之領土自治模式和雙重公民身份所造成的分裂效忠。

　　強大的中國給俄羅斯出了個難題；然而，中國若是陷入重大的政治和經濟危機，對俄羅斯遠東而言，也可能意味著一場災難。只

要四到五百萬移民，就可能改變從貝加爾湖到白令海峽（Bering Strait）這一片領土上既存的種族平衡。

　　如同歐亞大陸的其他地區，幾個世紀以來的趨勢已然反轉，東亞兩個最大的大陸國之間的平衡已經徹底改變。兩者之中，中國現在已經較為強大且充滿活力。中俄之間的邊界可以比喻成兩個「人口壓力」差異甚大之地區間的一道薄膜。對俄羅斯而言，遠東地區的經濟情況如無改善，則中國東三省的一億人口向居民僅五百萬的俄羅斯遠東地區移動，恐怕是一種無法避免的趨勢。[7]因此，從中期，特別是長期的觀點看，兩國間的緊張只會更多，不會更少。

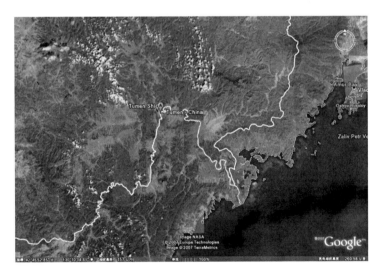

地圖 7-1　俄、中、韓邊界

資料來源：Google Earth

---

[7]　姜書益，〈再談俄羅斯的中國移民問題〉。台北，2007 年 8 月 17 日。（未發表）

第三節　石油管線與中俄關係

　　中國與日本對俄羅斯管線的爭奪可將之稱之為安大線、安納線與泰納線十年之爭。表面上，中國與日本爭奪的是位於俄羅斯境內的管線鋪設路線問題，但實際上兩者爭奪的是東亞地區的原油市場主導權。

　　1994 年，俄羅斯尤科斯（Yukos）石油公司提出興建中俄跨國石油管道的建議。2001 年 9 月，中俄兩國政府簽署共同鋪設石油管道之協議。這條從貝加爾湖西畔的安加爾斯克（Angarsk）通往中國東北大慶的石油管道工程（以下簡稱「安大線」）估價 20 億美元，總長 2260 公里，其中 800 公里在中國境內，預定於 2005 年興建完成。管道設計輸油量為 3000 萬噸/年，中俄雙方將各自負責本國境內的管道建設。協議並規定俄羅斯每年將向中國出口 2000 萬噸石油，2010 年後提升至每年 3000 萬噸。[8]

　　2002 年，日本半路殺出，極力向俄羅斯推銷將石油管道終點改設在俄國遠東的納霍德卡（Nakhodka），簡稱「安納線」，[9]加以南韓對於俄羅斯跨國石油管道問題也有其利益考量，使得「安大線」遲遲無法興建。其結局是 2004 年底俄羅斯決定取消原本的「安大線」計劃，改為鋪設自泰舍特（Taishet）通往納霍德卡的「泰納線」，[10]並

---

[8]　歐錫富，「中日遠東輸油管線之爭」。行政院大陸委員會大陸工作簡報，2005 年 1 月，頁 1-4。

[9]　2002 年 1 月 20 日，日本首相小泉訪莫斯科與普丁簽署《俄日能源合作計畫》，建議修建安納線，設計長度 3900 公里。

[10]　「泰納線」新方案：石油管道起點改為安加爾斯克西北約 500 公里的泰舍特（Taishet），經過貝加爾湖（Lake Baikal）北部，然後沿阿穆爾（Amur）鐵路和中俄邊境，通往納霍德卡。Feng, Yujun. 2004. "Russia's Oil Pipeline Saga:

引支線通往中國，使中國的利益不至於完全落空。此方案意味著中國將無法獲得「安大線」方案所承諾之石油進口量，因此中國方面予以拒絕，日本方面對於優先建造中國支線的作法亦表示不能接受。[11]

俄羅斯宣佈建造「泰納線」定案後，中俄雙方隨即就是否興建通往中國支線的問題進行談判。[12]2005 年 2 月，確定「泰納線」優先興建通往中國大慶支線的方案，中共可謂在本輪談判中獲勝，但與原本的「安大線」方案相比，中國大陸不再是俄羅斯東西伯利亞石油的唯一買家，其對俄羅斯的影響力自然降低。反之，在無須擔心被中國控制俄羅斯遠東石油出口市場的情況下，俄羅斯將更能藉由石油出口，在俄中日三方之間，取得最優勢的地位，更且可以利用石油出口，鞏固和擴大在亞太地區的影響力。

而就俄羅斯來說，遠東地區的石油管線鋪設實為其未來對外戰略的抉擇關鍵，由於目前美日「中」在遠東利益範圍的調整還不明確，遠東原油運輸管道走向實際上代表俄羅斯對各方力量的一種判斷和選擇，俄羅斯不會把籌碼全部壓在任何一方，因此「安大線」的失敗使得中共企圖利用俄羅斯的石油來減輕美國壓力的希望落空。

但中俄油氣合作對於促進中俄戰略協作夥伴關係具有重大意義。就俄羅斯來說，在歐亞大陸的西面，受到北大西洋公約組織

A new pipeline to supply oil to China and Japan will soon be launched replacing former options". *Beijing Review*, Vol.47, no.30. pp.10-13.

[11] "Angarsk-Daqing Line Adopted for Priority Construction." People's Daily Online, May, 2003, http://english.people.com.cn

[12] Chan, John. "Japan outbids China for Siberian pipeline." World Socialist Web Site, February, 2005, http://www.wsws.org/

（NATO）東擴的壓擠；在東面，美日聯盟不斷的強化壓抑了俄羅斯的國際地位；在南面，美國勢力以中東為基地，逐步向中亞推進，直指俄羅斯的腰腹地帶。

　　面對如此強大壓力，俄中均有必要運用戰略夥伴關係以聯合對抗西方。在利益重疊的基礎上，能源合作仍為中俄戰略協作夥伴關係的一個重要部份，但展望未來，經過磨合之後，中俄雙方有可能慢慢地將政治議題與原油輸入掛勾討論，進一步實質化中俄戰略伙伴關係。[13]

第四節　俄日間的領土紛爭

　　有關俄日之間的領土紛爭相對地比較小，大約有 4,500 平方公里的面積。然而，圍繞在四個小島的經濟海域所延伸出的範圍就相當廣大了，大約為 196,000 平方公里。東京宣稱擁有島鏈中最南方的四個島：擇捉島（Iturup / Etorofu）、國後島（Kunashir）、色丹島（Shikootan）以及齒舞島（Habomai），均於 1945 年因戰爭而失去。日本官方仍然稱這些島為北方領土，並且不是千島群島的一部分。日本在 1951 年的舊金山和約中放棄的是千島群島。對莫斯科來說，不幸的是史達林拒絕簽署舊金山和約，因此造成許多額外的紛爭。

---

[13] Ding, Xi and Li Shu-Xia, "Russian Oil and Natural Gas Industries and Sino-Russian Cooperation in Energy." *Siberian Studies*, 2002. Vol.29, no.3, pp.14-16.

　　這個紛爭被冷凍了將近十年，和約的問題也一直沒有結論，雙方的關係也始終沒有進展。在冷戰結束後的十年內曾出現過許多的建議及解決方法，但直到蘇聯解體均未能獲致突破。

　　戈巴契夫是最後一個有機會有能力解決這個領土紛爭的總統，只可惜他的機會之門不夠寬廣。最好的機會喪失在 1960 年，當時的赫魯雪夫（Khrushchev）在美日安保條約重新訂定之際，收回了蘇聯在 1956 年答應要歸還四個小島中的兩個承諾。爾後的蘇聯領導者又認為蘇聯強大到不存在這種領土問題，而日本人最不信任的戈巴契夫卻只有極少的時間去完成這個任務。繼任的葉爾欽曾經思考過幾種方式，然而都流於理論化。

　　自 1992 年起，島嶼的主權問題被俄羅斯愛國主義者拿來做文章，反對國家把島嶼出賣給日本。1993 年，葉爾欽在東京宣言中表示願意以合法及公平的立場解決這個問題，自此終於出現了一點進展。1997 年 11 月，葉爾辛與日本首相喬本龍太郎在克拉斯諾亞斯克（Krasnoyarsk）決定要在 2000 年完成和平條約，可是至今尚未實現。

　　任何一個和平條約都需要對領土紛爭做一個解決，這需要妥協。不論哪一方面其實都還沒準備要妥協。日本民意全面支持收回北方領土，俄羅斯的一般民意也並不是很願意放棄南千島群島。

　　俄羅斯的國家利益大多具有地緣政治的性質。放棄這些島嶼將是第一次割讓俄國領土給外國，此領土位在前蘇俄共和國邊界之內。有人擔心，此一行動將對二次大戰勝利者所做的其他領土安排的合法性造成問題，包括加里寧格勒（Kaliningrad）的地位問題。這種論點是有點牽強，兩者並無直接的關聯，德國不可能因為俄羅

斯歸還日本領土，就跟進要求俄羅斯歸還加里寧格勒，因為這將會影響到德國目前在歐洲之地位的法律基礎。

地緣戰略上來說，這四個群島被俄羅斯軍方和國安系統評估為鄂霍次克海（Sea of Okhotsk）的瓶蓋，使鄂霍次克海實際上成為俄國的內海，也可做為彈道潛艇的安全基地。這些島嶼的重要性甚至於被提升到了做為一個戰略前哨和「北太平洋之鑰」的地位。有人認為，放棄這把鑰將損害俄羅斯在該地區的整個態勢。這種論點並不確切，主要是俄羅斯已經逐步淘汰其在遠東地區的彈道導彈核子潛艇（SSBN），而與美國或日本發生衝突的可能性也非常低。假設真的發生衝突，俄國既不可能用這些島嶼做跳板侵略北海道，也無法保衛這些小島。

更重要的是心理上的因素。對這些島嶼的擁有權已經成為許多俄羅斯精英和平民百姓的信條。不同於蘇聯接受重整後的德國，或是從中歐國家撤兵，甚或承認前蘇維埃各共和國的獨立，均不能與俄國佔領的南千島群島相提並論。90 年代中期以來，許多人都覺得俄羅斯全球退縮已經結束了，因此，任何進一步的單方面的對外讓步都是不能接受的。

俄羅斯在對待日德之間也有差異。從二次大戰後蘇聯佔領東德並建立一個忠貞的共產國家開始，統治東德近半世紀的蘇聯相當了解並信任他們。儘管德蘇大戰的遺怨尚未完全消除，但這並不構成兩國間關係的障礙。德國已經放棄 1937 年所有有關德意志帝國（Reich）的領土，包括從前的東普魯士。

而在與日本的關係中，1904-1905 年與 1945 年的兩次戰爭的影響仍在。第二場戰爭被視為是對第一場戰爭屈辱的失敗所得到的救贖。諷刺的是，俄羅斯對德國是慈悲為懷的，即使在 1941 年時德國

是侵略者。俄羅斯對日本沒有慷慨或些微的憐憫，雖然在 1945 年時是蘇聯先攻擊日本的。國力銳減的國家是不可能大方的，而要他們創造雙贏的局面更是困難。

1989 年的俄羅斯精英仍然自認為強大且有力，而俄羅斯全國也對與西方關係的改善抱持著高度的期待：民主化、生活條件的改善、加入文明國家的行列等等。十年之後，俄羅斯的民意大眾以及精英已經完全不同於以往了。

千島群島的問題與中俄邊界領土調整的問題，對兩者差異之瞭解是很重要的。1991 年 5 月莫斯科與北京之間的談判是在一個不同的時空之下，當時的俄國民意及利益團體沒有手段可以影響政府的政策。而民主化的過程改變了這種情況，證據顯示在執行 1991 年的協定就發生了問題。

俄羅斯單方面的讓步不會自動地為它帶來利益。一般相信日本為了要回島嶼所付出的代價，也就是對俄投資，今天看來已無可能。局勢從 1950 年代末期就轉變了，現在的日本太強大，而俄羅斯仍在復甦中，這情況導致問題無法解決。而在雙方國內也鮮少有壓力期望政府對此作出什麼妥協。1998 年，俄羅斯拒絕了由日本提出的「香港模式」，因為這不但證明了日本對四個島嶼的主權，也將造成領土問題上由日本主導的局面。而俄國提出的共同發展四島嶼經濟的計畫也被日本否決。因此，現今雙方解決這個問題的意願是：沒有。俄羅斯甚至反悔了 1956 年歸還兩個較小的島嶼的決定。

然而雙方並不會永遠如此，在遙遠的未來終究會達成妥協。國內生態環境的改變將會成為最重要的因素。如果雙方要在外交上達成某種程度的共識，就有賴於國內民意的壓力以及大量利益的關注。

　　如果要俄羅斯放棄領土，他就必須贏回某種程度的自信。衰弱而雜亂的俄羅斯是不會放棄的，而一個較為強大且具凝聚力的俄羅斯則可能願意做個交易。一個快樂的俄羅斯比較不會追逐領土的地緣政治，更重要的是，它能夠吸收任何隨著政治解決而來的經濟利益。相對於解決領土紛爭，日俄雙方可以嘗試用國際承認的邊界來劃定界線。

　　在贏回自信方面，俄羅斯應該給經濟與社會體系注入更多的法制與透明度，以吸引投資並為遠東地區久遠的經濟繁榮奠定基礎。中國的持續崛起、南北韓統一的可能性、還有國內因素以及變遷中的國際環境，這些因素的匯合或許能提供誘因，迫使俄日雙方妥協，提升兩國之間彼此合作的意願。

　　俄羅斯同意歸還前蘇聯在 1956 年答應歸還兩個小島之事是絕對可能的，甚至可以考慮對其他兩座大島的去向展開對談。俄羅斯會願意在失去這些領土的同時，得到來自於投資、貿易及科技移轉的機會。

　　對日本而言，他們漸漸地將會發現其在北方的利益是來自於友善的、民主化以及穩定的俄羅斯，而俄羅斯也將提供某種經濟契機及政治上的保障。因此，日本政府會更有意願去解決而非僅一昧地提出要求。

　　在日本方面，這意味著實際採取一種長期的觀點，並承擔責任，在與俄羅斯相處時使自己成為新的「東方的德意志」。果真如此，也將為俄日之間一個世紀以來的衝突與對抗畫上一個句點。

　　俄羅斯原本是一個歐洲國家，不是亞洲國家，但在過去四百年間它也是一個在亞洲的國家。正是由於這個東方的面向，使得俄羅斯之所以為俄羅斯，而不僅僅是莫斯科公國。即使俄羅斯強調他們

在歐洲的使命，他們仍須付出雙倍的努力解決他們在烏拉山以東的四分之三的領土，以及最終解決與周邊強大鄰居間的邊界問題。這是俄羅斯歷史的一個反向任務：既然已經不可能再向外擴張，俄羅斯就應該盡力開發這片世界最大的領土。

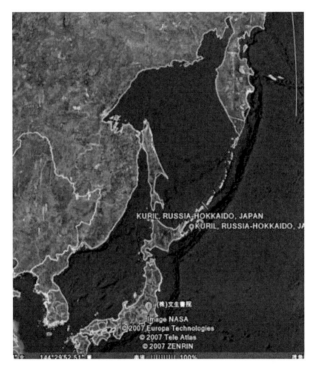

地圖 7-2　俄羅斯與日本之間的北方四島

資料來源：Google Earth

第八章　結論：俄羅斯的未來

　　在地圖上，邊界界定一個國家的領域。但是在現代世界裡，特別是在民族國家之間，邊界的意義卻不只是如此。「沒有什麼事情比身為從前的超級強權更為痛苦，除非這個隕落的超級強權同時在進行一種經濟轉型，」一位美國的俄國專家如此說。[1]過去十多年來，從獨裁政體轉型到民主政治，建立公民社會，以及建立一個真正的聯邦制，俄羅斯已經經歷過了無比的劇變，改變了它的形狀和許多本質。主宰歐亞大陸的俄國已經完結了，雖然很突然但確實是一去不返了。

　　這個歐亞帝國的完結有幾項原因：首先，國際環境發生了深刻的改變。國家權力的相對重要性已經改變，經濟與科技走上前台，文化和文明的因素變得更明顯。俄羅斯，「一個核子巨人，卻是一個經濟侏儒，」發現了他們的資源很不適合去延續它的傳統角色。

　　同樣重要的是，俄羅斯的內部危機已經大大降低了延續這個跨大陸帝國之生命的先決條件。政治環境上，不只是獨裁和極權主義，就是嚴厲的威權主義也已經過去了。2000 年時，俄國雖然在第一次自由選舉總統中通過了權力轉移的重大考驗，但這還不能代表完整的民主。然而，這真的是多元主義的，在起起落落之中邁向民主之

---

[1] Steven Sestanovich, "Geotherapy," *The National Interest*, Fall 1996, p.3.

路。另外一個多元主義的重要層面是地區利益的興起，這讓中央集權的單一制國家結構畫下句點。俄國大概不會變成一個鬆散的邦聯制國家，但假以時日，它可以成為一個真正的聯邦。

對一般民眾以及菁英份子來說，認為外面世界懷有敵意並可能造成永久的不安全的想法已經消褪。俄國人正慢慢習慣於國家前所未有的開放，無論它的意涵是正面的或是負面的。大部份選民要的是經濟以及社會狀況的改善，而不是恢復帝國的偉大，雖然傳統的政治精英可能還有如此想法。

雖然這個歐亞帝國的解體來得太突然，也震撼了許多人，但這其實是一個長期過程的自然的結果。蘇聯幫助了許多俄國邊境的鄰國進行現代化和發展，並喚醒了它們的新興菁英份子的自覺。這是可以預料的後果。即使在蘇聯內部，不同的共和國內部均有其獨特性。共產黨的民族政策創造了民族——領土的單位（national-territorial units），給予它們準國家（proto-states）的地位。所以，原則上，蘇聯的正式解體是最後的也是合乎邏輯的一個步驟，雖然它可以用別的形式，並導致大不相同的結果。但是在新獨立的國家裡，不管是菁英份子還是小老百姓都不會想要逆轉這個過程。

以上這些改變，清楚指出歐亞大陸不再是歐洲與亞洲的共生關係。即使這些觀點都被接受，問題依然存在，俄羅斯現在是什麼？俄羅斯該何去何從？

對於進入 21 世紀的後俄羅斯帝國而言，基本上有幾種選擇，包括修正主義、解體或創造性的調整，每一種選擇都對俄羅斯新興的政治體系和國際關係的角色有所影響，包含了俄羅斯邊界的周圍和更遠的地方。

第一節　俄羅斯的選擇

一、修正主義的選擇：恢復俄羅斯帝國？

由於轉型時期的劇痛，使得俄國非常害怕民族主義和修正主義就躲在角落，等著時機來影響整個國家。修正主義者的信條是，俄羅斯注定是一個帝國，不能堅守這個信條就是自取滅亡。他們堅信俄羅斯將會東山再起。堅持這種觀點的人認為，即使俄羅斯只是一個區域性的強權也可以說是自殺。用簡單的政治用語來說，歐亞主義就是俄羅斯恢復統治整個蘇俄／帝國的空間以及鄰近地區之傳統的勢力範圍。

和白俄羅斯的統一被視為只是第一步而已。接著是與南斯拉夫建立「三角同盟」，最後是與烏克蘭的「再統一」。然後，亞美尼亞，哈薩克斯坦，吉爾吉斯，以及其他潛在的後蘇俄國家可以成新的「志願加入者」。聽起來比較明智的和其實是一種浪漫的說法就是，這根本就是泛斯拉夫主義，也就是幻想建立「第二個君士坦丁堡」（1204~1261 十字軍攻下君士坦丁堡後所建的帝國），一個新的東方正教帝國。另外一個規模小一點的版本就是俄羅斯加其他（Russia-plus）的想法。譬如，俄羅斯聯邦從鄰國吸收那些俄裔人口居多數的地區（克里米亞，北部哈薩克斯坦），或是當地和莫斯科關係密切的分裂主義者（阿布哈茲，南奧塞梯，外德涅斯特）。

這種模式其實意味著將與位於前蘇俄空間的西方，巴爾幹半島，以及中歐進行競爭與衝突。為了抗衡西方的龐大能力與資源，修正主義者提議創立一個新的東方集團，由獨立國協、中國、印度，

和伊朗共同組成。對於那些頭腦清楚的地緣政治思想家和實踐者來說，這個「歐亞大夢」應該予以實現以使美國面對他們一向所害怕的惡夢：歐亞大陸為單一的權力結構所統整。這也意味著蒙古帝國及短命的中蘇同盟的轉世重生。這個同盟的第一要務便是想辦法奪取美國主宰的邊緣地帶，並將其轉為反美同盟。

修正主義對那些困難挑戰所做的非理性反應是非常危險的，俄國將付出痛苦的代價，甚至慘敗。就像 20 世紀的德國，要經過兩次戰敗才能擺脫軍國主義和侵略思想的泥沼。

另一個比較不極端的版本是，改組而非修正主義。此一想法存在於多極（multipolarity）的概念中，所追求的是沒有對抗的戰略性獨立。他們將美國，歐洲，以及中國視為競爭對手也是夥伴，並準備和其他權力中心結盟。根據這個邏輯，因北約的擴大及西方對巴爾幹的干預而蒙羞的俄羅斯應該轉向東方，就像 19 世紀的外交部長哥查科夫（Alexander Gorchakov）一樣，不但要和中國、印度和伊朗結盟，並需強化與前蘇維埃共和國家的關係。莫斯科的多極觀點很自然地將獨立國協這個「非俄羅斯人的歐亞大陸」視為一個新的統合計畫的建築基地。獨立國協如果沒有俄國的領導，就不能有所謂的俄國一「極」。

很不幸的，這種思想的發起人和支持者所假設的那種能力正是今日的俄羅斯所欠缺的。這個國家的總體經濟弱到不足以支持這樣一個雄心勃勃的計畫。俄羅斯的自然資源是很豐富，但是他們有待投資開發和市場行銷。更重要的是，在後工業時代，這些東西並沒有那麼重要。季辛吉所說的「俄羅斯再帝國化」是一個下得太早的

論斷。[2]這個概念更是誇大了新獨立的國家回到前帝國強權的意願。獨立國協內部的商業流通在 90 年代期間即已逐漸衰退，12 個國家的政權和經濟制度也已分殊各異。他們所面對的安全挑戰需要非常不一樣的應變方式。相反地，例如，俄羅斯和白俄羅斯的整合，關稅同盟（Custom Union）或其他名稱，或是和集體安全條約（Collective Security Treaty）其餘會員國的更緊密合作，都只能確認廣大歐亞大陸的統合是徒勞無功的。

總之，傳統的領土的思維是不太可能產生積極的結果的。那種想法也許可以給地緣政治一點新意，但是不可能恢復帝國主義。俄羅斯失去了土地，同時它的力量也不再來自領土的擴張。

二、俄羅斯解體

關於俄羅斯最後的命運通常少不了許多可怕的預言。2000 年前夕，俄羅斯一位重要的學者曾預言俄羅斯即將在 10-15 年內解體。歐洲學者則認為所謂的俄羅斯是烏拉山以西的莫斯科公國時代的領地，西伯利亞則在中國控制之下。

美國學者則想像著一場中俄戰爭。如果惡夢成真，則將是一個經濟的大災難。如果俄羅斯變成一個鬆散的邦聯，則其邊境各地將四散而去。換言之，俄羅斯仍將加入世界，但已不再是完整的一塊。

另有一說，認為可以用凱末爾式的激情的民族主義代替帝國主義。這種藉由自我縮小來獲得「解放」的想法，只能說是太過於天

2　Henry Kissinger, *Diplomacy*. New York: Simon and Schuster, 1994. p.80.

真。1980 年代末到 90 年代初曾有此種辯論，意圖建立一個「俄羅斯聯邦裡的純俄羅斯共和國」。但是，從文化和領土的觀點來看，一個種族純淨的俄羅斯是不可能的。

三、創造性的調整

創造性的反應建立於對過去 10-15 年教訓的評估，包括了冷戰的結束、蘇聯的瓦解、葉爾欽時代的經驗和全球化的影響（尤其重要）之基礎上。廣泛來說，包含了蘇俄和蘇維埃帝國的經驗。

一個重要的教訓就是必須停止對領土的迷戀。這並不意指俄羅斯的領土可以讓潛在的要求者欲取欲求，而是說，應該停止為蘇聯瓦解所失去的領土感到悲傷。更重要的是，應該放棄把領土重組做為外交政策的重要目標，此一目標儘管沒有被官方所支持，但它仍然在政治菁英的腦海中揮之不去。他們常常拿德意志聯邦共和國做比喻，但卻忽略了一個重點：俄國並沒有戰敗；它的領土並沒有被東方或西方勢力所佔領；且俄國歷史上首都不曾被切割為幾部份。換言之，歷史從來沒有對俄羅斯發生過非正義的行為。莫斯科可以自由行動，而且它的選擇是不可逆轉的。

做為各種族群、文化和宗教團體的混合物，並且在聯邦體內存在了許多民族的家鄉，俄羅斯很難不成為一個內部的帝國。然而，俄羅斯必須丟棄任何想在其領土之外扮演帝國角色的意圖。

經濟在外交政策上的角色是未來的趨勢。俄羅斯將繼續生存和發展，或者失敗和蕭條，有賴於經濟和資訊技術的表現。即使很難

期待俄羅斯會在可預見的未來成為一個超級大國，但是俄羅斯有雄心成為一個成功的國家，以它所具備的條件來看，這是可以實現的。

第二節　俄羅斯鄰邦與西方的選擇

一、近鄰的選擇

實際上，獨立國協是一個不曾存在的單位或超級區域體。前蘇聯已經走完了蘇聯本身的道路，並裂解成一些次區域體，亦即新東歐國家（俄羅斯、烏克蘭、白俄羅斯、摩爾多瓦），波羅的海三小國，南高加索，和中亞。這些次區域各有各的主張，並依附於歐洲或大中東。儘管它們的弱點清晰可見，所有的獨立國協國家都生存下來了，而且還保有某種程度的活動自由。

對俄羅斯和其鄰近國家而言，保持領土的現狀是必要的。所有獨立國協的國家覺得需要去保有蘇聯解體時所獲得的領土，不管分離主義者如何強烈地要求。它們也相信所有的國家均不應對鄰國之領土提出要求，否則必陷入動亂。

蘇聯解體時，除了俄羅斯，所有獨立國協的國家認定本身為單一制的國家。然而，在某些例子（格魯吉亞、摩爾多瓦、亞塞拜然）裡，可能有所改變以解決國內衝突。另一方面，烏克蘭和哈薩克認為聯邦制是避免分裂的最後手段。然而，由於對俄羅斯分離主義的

恐懼，這兩個國家在獨立時都拒絕採取聯邦制。事實上，它們採取的政策相當地背離單一制。

從俄羅斯獨立出來並獲得主權的新國家，將需學習如何用自己的方式與俄羅斯相處。直到俄羅斯發展出活力十足的現代經濟並達成國內穩定之前，俄羅斯與其它獨立國協國家只能有相當鬆散的經濟聯繫，以及暫時的政治結盟。例如，關稅同盟和集體安全條約。如此，獨立國協或有可能以另一種國協的方式存活下去。

二、西方的選擇

從美國的觀點來看，有兩個陷阱值得注意。一是防止俄羅斯帝國的復活。雖然蘇聯的瓦解從來不是冷戰的目標，但是恢復一個由俄羅斯領導的聯盟，是與西方國家和中國以及穆斯林國家的利益相違背的。儘管俄羅斯不再被西方國家視為威脅，俄羅斯朝向整合之路仍然被小心奕奕地分析，常常被懷疑是否可能具有新帝國主義的意涵。其實，真正的問題是俄羅斯的衰弱，而不是它的力量。[3]

另一個陷阱是關於歐亞大陸的爭論。在前蘇聯的新獨立國家眼中，華盛頓取代了莫斯科成為仲裁者、保護者以及捐贈者。新國家尋求成為北約的成員，並且讓美軍在一些沙漠綠洲進行維和演習，試圖與唯一的全球超級強權建立永久和特殊的關係。在美國方面，美國對跨歐亞大陸的防止核武擴散條約、區域穩定、重要資源的取得、民主化和反恐怖主義感到興趣。用遙控的方式斷斷續續地追求

---

[3]　Fareed Zakaria, "New Dangers amid the Ruins," *Newsweek*, 2001.3.5, p.2.

這些目標是不太可能的，這樣會加重美國的負擔並且使得美國難以防守。如果美國未能以行動實現承諾，將會導致痛苦的失望以及忠誠的逆轉。

　　儘管美國在歐亞大陸占有優勢，美國仍然無法凡事親為，甚至有效地仲裁。更重要的是美國人民不一定會支持美國政府在歐亞大陸上的積極活動。美國需要在共同利益的基礎上和盟邦與夥伴合作。在歐洲是北約和歐盟，在高加索和裡海是土耳其和歐盟，在東北亞是日本和南韓，甚至在一些案例上跟中國合作。但是合作的名單上沒有俄羅斯。甚至還有理論提出三個俄羅斯會比一個俄羅斯好。[4]

　　對歐洲而言，最差的選擇是把俄羅斯圈在西方。如同西德，美國需要藉著歐洲內部的經濟、文化、社會和政治的補充來做策略性整合。當歐盟深化和擴張時，它最終必須開放給俄羅斯加入。隨著俄羅斯的加入，歐洲會變得更安全，更完整，並且內部更平衡。在這個階段，從溫哥華到夫拉迪沃斯托克（海參威）的大西洋／太平洋安全安排就會實現。

　　對日本而言，跟俄羅斯的關係並不限於領土議題。俄羅斯是東北亞權力平衡的基本要素，並希望將其轉變成某種安全架構。一個穩定的民主、市場取向和活躍的市民社會的俄羅斯是日本安全的最佳保證。

　　反恐的立場使得俄國被視為同盟，美俄應當聯手處理中東問題，如此，美國自己亦會得利，而且俄國人比美國的一些盟邦更有

---

[4]　Zbigniew Brzezinski, *The Grand Chessboard: American Primacy and Its Geostrategic Imperatives.* New York: Basic Boods, 1997. p.202.

全球觀。歐盟更不應該排除俄國的加入，因為俄國的資產與文化都是很可貴的。若歐洲能善加利用俄國的資源，將更有助於維持歐陸的穩定，所以無論新歐洲或老歐洲國家均應心胸更寬大的來接受俄國。俄國也應設法為種族衝突療傷化解，並幫忙維護東南歐的安定。這或許不是那麼容易，就像車臣內戰時，西方國家厭惡俄國的作法，而提出調解方法但被莫斯科拒絕的情況一樣。

第三節　走自己的路

一、俄羅斯的戰略收縮

從冷戰開始到蘇聯解體的這段期間裡（1947-1991），美國戰略目標之首就是不讓蘇聯成為世界強國。1989 年 2 月，蘇聯自阿富汗撤軍，老布希與戈巴契夫在馬爾他島會晤，宣佈冷戰結束。但是，西方並未放棄封殺和打壓俄羅斯戰略空間的政策，反而步步進逼。故該時期之俄美對峙是俄羅斯為求生存而抗爭的一種本能反應。從此，俄羅斯開始贊同世界多極化，並試圖建立俄──中──印度的歐亞三大國同盟來遏制美國。然而，俄羅斯的抗爭並無法改變西方擠壓俄國的戰略態勢。俄羅斯建國後初期之對外政策忽而全面西化，忽而對西方抗爭，反映了蘇聯瓦解後俄羅斯地緣政治之不確定性，及對其自身發展方向的困惑。

普欽出任總統後，發現要徹底改變俄羅斯的內外困境，首先就必須根本改善對美關係。2004 年 4 月，俄羅斯外交部部委會擴大會議鄭重做出發展與美國的關係是俄羅斯外交的優先方向之一的決策。然而，小布希上台後，反而對俄羅斯更加強硬，聲稱俄羅斯是美國的「戰略競爭對手」。美國倚靠不得，又不能不予理會，使俄羅斯對外政策面臨嚴峻挑戰。1991-2001 年間，俄美 GDP 之比從之前的 1：9 落後到 1：30。俄羅斯軍費亦僅為美國的 1/40。俄羅斯實在沒有對抗的籌碼。

然而，在普欽看來，俄美關係不對稱是事實，但不一定是悲劇。俄羅斯只有在某些非重大戰略領域及地緣政治方面，放棄毫無意義且代價過高的爭鬥，在與美國的合作中使自己「正式成為美國的朋友，則捍衛國家利益和與美國達成有關協議就會容易一些。[5]」換言之，與其作繭自縛，不如加入西方陣營，以在其中更有力地捍衛自己的利益。這是普欽的戰略退縮的真正用意。

2001 年的 911 事件給俄羅斯一個機會，得以全面改善與美國等西方國家的關係。對普欽來說，退縮的損失要小於美國願意與俄羅斯合作所帶來的好處。2002 年初，普欽對華爾街日報（Wall Street Journal）表示，俄羅斯現在必須集中力量發展經濟，而不是到國外顯示已經減弱的勢力[6]。同年底，普欽強調，在相當長一個時期內，俄羅斯的任務在於發展俄羅斯本身，而不在於世界。俄羅斯的根本任務就是現代化，以趕上西方國家，免得淪為第三世界國家。

---

[5]　轉引自趙鳴文，〈俄羅斯戰略收縮及其影響〉。北京，《國際問題研究》2004，No.1。頁 37。

[6]　同前書。

　　儘管如此，美國對俄羅斯仍缺乏足夠之信任，兩國關係之深入
發展仍受到各方面的制約。首先，美國鷹派人士仍堅持俄羅斯是假
想敵的冷戰思維，欲乘俄國衰弱之機繼續擠壓其戰略空間。其次，
美國無視於俄羅斯改善與美國關係的努力，鼓動俄國國內的反對派
和自由派掣肘普欽的內外政策，這使得普欽不得不對美國採取強硬
的態度，以維護自身利益。最後，俄美在地緣政治和安全利益上有
著不可調和的利益衝突，使美國繼續打壓俄羅斯的戰略空間。

地圖 8-1　俄羅斯的戰略收縮

資料來源：布里辛斯基著、林添貴譯，大棋盤。頁 120。

二、與西方分道揚鑣

俄美關係的惡化於 2006 年 5 月 4 日來到一波高峰。當天，美國副總統錢尼（Dick Cheney）在立陶宛演說，指責克里姆林宮「不公正地限制公民權利」，又利用能源資源做為「脅迫與勒索的工具。[7]」然而，美國的批評並未改變俄羅斯的行為，相反地，反而使俄羅斯更想擺脫西方的羈絆，走自己的路。

克里姆林宮的新外交路線基本上認為，做為一個大國，是沒有朋友的。沒有一個大國願意看到一個強盛的俄國成為它的競爭對手，許多大國更願意看到一個衰弱的俄國，那樣才能對其加以利用和操縱。因此，俄羅斯是要卑躬屈膝呢？還是要堅持它的大國地位？顯然，只有大國才能和美國、中國平起平坐，而不是像巴西和印度那樣做個跟班。

是俄國不應該脫離西方的軌道呢？還是西方沒有認識到今天的俄國已經發生了本質上的改變？今天的俄羅斯由於石油價格高漲，以致府庫充實，財政狀況大幅改善，成為世界第三大外匯存底國家，以 300 億美元成立國內的安定基金（stabilization fund），並提前償還外債。另方面，隨著生活水準的提升，政治反對派乃被邊緣化，政府權威再度集中，統治集團權力益加鞏固。蘇聯解體初期的屈辱已成往事，信心高昂的莫斯科在趾高氣揚之際，當然不願接受外國對內政的干預。

---

[7] 轉引自 Dmitri Trenin, "Russia Leaves the West," *Foreign Affairs*, July/ August 2006, Vol.85, Issue 4, pp.87-96. http://web.ebscohost.com/ehost/ reviewed on 2007/5/14

　　離開了西方的軌道後，俄羅斯開始建立它自己的體系。莫斯科現在把前蘇聯各共和國的事務視為優先事項，開始向獨立國協擴張它的經濟力量，一方面獲取巨大的利益，另方面加強政治影響力。因此，昔日的西方與俄羅斯的互動模式已不適用，而必須找到新的互動模式。

　　正如俄羅斯學者 Trenin 所言，今天的俄羅斯不會親西方，但也不會反西方。俄羅斯的國內轉型不會走波蘭的路，藉由整合入歐盟以實現現代化；也不會像法國那樣，有時候意見不同，但是堅守歐洲——大西洋同盟的外交與安全政策；更不會因為顏色革命而蹦出一個不民主卻親西方的沙皇，追著美國——歐洲的馬車跑。俄羅斯的轉變，其主要的動力必須是國內資本主義的成長和對外在世界的開放。因此，Trenin 對西方的建議是，不必向俄國說教，也不要期望領導俄國，而應該在個別議題的基礎上和俄羅斯協商。[8]將俄羅斯整合入歐的時機已經過去了，西方必須根據互利的原則來和俄羅斯打交道，因為俄羅斯已經走在自己的路上了。

---

[8]　前引文。

第四節　邊界、種族與俄羅斯的未來

誰是俄羅斯人？這個問題仍然受到許多爭論。一個以公民身份為基礎的俄羅斯國家是一個散播中的概念，但是還沒有普遍盛行。與前蘇聯時代的概念相似的一個「多民族的俄羅斯人民」的想法仍然活躍著。種族俄羅斯民族主義依然是少數派的看法：俄羅斯人有長久的帝國傳統，消除或者至少緩和了狹隘的種族的民族主義。這有助於解釋為什麼「俄羅斯人問題」未能挑起太多的激情。

在 20 世紀結束的時候，以蘇聯的形式達到領土與文化擴張之巔峰的所謂的「永恆的俄羅斯」已經走完了它的進程。帶著極大的困難與痛苦，俄羅斯慢慢地克服了它自己歷史的慣性。俄羅斯國家及其社會的現代化需要非傳統的答案來解決俄羅斯和俄羅斯人的雙重問題。然而在現在化生根之前，俄羅斯和其鄰邦將須經歷許多涉及邊界和種族的問題。我們只能希望它們都能夠完整地存活下來。

歐亞大陸的俄羅斯已經終結。俄羅斯邊界以西是一個日趨統一的歐洲，這也是俄羅斯以適當的方式自我整合成為一個歐洲國家的最佳處所。東面是一個日益相互聯結的亞洲，俄羅斯必須在這裡把它自己建立成一個亞洲的國家，否則它將面臨龐大的壓力，使其退回烏拉山以西。在南方，伊斯蘭激進主義的挑戰有內部的也有外部的根源。在這些地區，俄羅斯處於一個高度不安的情勢中，俄羅斯需要遠見和行動的能力，但目前在這方面猶有欠缺。歐亞大帝國的終結是個真正的災難，但並不是個悲劇。它只是一個漫長時代的終結。但是它並沒有終結俄羅斯，一個新而更幸福的時代可以從現在開始。

附錄一

中俄關係大事紀（1989-2007）

日期	中俄互動重要情事	中共其他 重要事件	俄羅斯其他 重要事件	重要相關 國際事件
1989.5	戈巴契夫訪問中國，與鄧小平發表聯合公報，宣佈兩國關係正常化	天安門事件		美國帶頭制裁中共
1989.6- 1991.12	中俄關係正常化停擺	天安門事件，江澤民接任領導，鄧小平南巡支持改革	蘇聯解體	東歐共黨垮台
1990.8- 1991.1				中東海灣戰爭，美國等多國部隊進攻伊拉克
1990.4	李鵬訪蘇			
1991.5	江澤民訪蘇			
1991.12	葉爾欽訪中			
一、中俄初步接觸，（由中蘇關係轉變為中俄關係），（1992）				
1992.1	葉爾欽、李鵬在紐約聯合國見面			
1992.3	俄羅斯外長科濟列夫訪北京			
1992 秋	中國西界裁軍談判			

			俄國會領袖Lobov與台灣簽約設代表處
1992.9			
1992.12	葉爾欽訪北京談軍事互信,不與台灣有政府關係,中國是唯一合法政府。「關於中俄相互關係基礎聯合聲明」:「相互視為友好國家」		
二、中俄關係升級,(從互視為友好國家到建設性夥伴關係),(1993-1996)			
1993			俄羅斯政治動盪
1993.11	俄國防部長Grachev訪中國,簽五年軍事合作		
1993.12			葉爾欽憲法公投獲勝
1994	葉爾欽新年賀函促升級中俄關係到「建設性夥伴」		
1994.1	俄羅斯外長科濟列夫訪中談各項合作		
1994.5	俄羅斯總理契諾梅金(Chernomyrdin)訪北京		
1994.9	葉爾欽與江澤民於莫斯科第二次峰會聯合聲明正式建立「建設性夥伴關係」,「睦鄰友好、互利合作關係」,中俄貿易比1993銳減1/3		俄國外交政策不再親西方,邊區領導人反對親中
1994.12			對車臣軍事行動

1995.5	江澤民訪俄、李鵬訪俄	1995 夏～1996春，台海飛彈危機		NATO 東擴，俄中視美國為霸權
1995.12	國防部長劉華清訪俄，俄授權中國生產 Su-27		普里馬科夫擔任外長	1995夏到1996春，台海危機，美國介入。1996.3 李登輝連任總統
1996.4	葉爾欽訪中，建立「平等信任、面向 21 世紀的戰略協作夥伴關係」，聯合公報主張多極世界。上海五國第二次區域峰會談邊界軍事互信			

三、「戰略協作夥伴關係」的制度化，（1996-1998）

1996.12	李鵬訪俄談定期會晤機制，擴大貿易，軍事科技繼續合作，俄國售中國 2 艘 Sovremennyi 驅逐艦			
1997.4	第一次元首高峰會議，江澤民訪問俄國，聯合聲明共同關切 NATO 擴張	2 月，鄧小平去世。7 月，香港回歸		上海五國邊界裁軍協定
1997.6	切爾諾梅爾金訪中			
1997.11	葉爾欽訪中，劃界完成（俄方直到 1999 年初才真正完成）。擬建俄中天然氣管線	9 月，中共十五大		
1997.12	經濟關係大幅升高，俄在連雲港建核電廠			亞洲金融危機
1998.2	李鵬訪俄			
1998.8			盧布崩盤	
1998.11	江澤民在病房見葉爾欽半小時，發表「世紀之交的俄中關係聯合聲明」，堅持 1972 反彈道飛彈條約，一致反對經濟制裁伊拉克，反對美國一意獨行		1998.3-1999.8俄更換4位總理	1998.12 Primakov 訪問印度倡導俄印中戰略三角，中印皆反對。

四、葉爾欽總統卸任前的奠基工作，(1999)			
1998.10	俄國國防部長 Sergeyev 訪中			
1999.2	中俄協議研究建天然氣油管，朱鎔基訪俄	1999.5.8 中國駐南聯大使館被美國誤炸		美國建飛彈防衛系統，北約組織干涉科索沃
1999.4	副外長聯合聲明中重申 ABM Treaty			
1999.8	俄國 Klebanov 副總理訪中，加強軍事貿易			
1999.12	葉爾欽訪北京		葉爾欽辭總統，普欽繼任	
五、俄中睦鄰友好合作條約，(深化戰略協作夥伴關係)，(2000-2007)			
2000	關係緩升，貿易額達 $80 億		2 月，俄與北韓訂約	陳水扁當選總統
2000.7	普欽訪北京，俄中宣言反對 NMD 和在台灣佈署 TMD，擬建油管，中國是俄武器最大買主，準備簽友好條約			
2000.11	俄總理卡西亞諾夫訪中			
2001.4	簽訂友好條約草約		3 月，俄與伊朗訂約	
2001.7	江澤民訪俄，簽署「俄中睦鄰友好合作條約」確立戰略合作夥伴關係，支持一個中國，反台獨	6 月，上海合作組織成立		
2001.9	朱鎔基訪俄			
2001.9.11		支持美國反恐	立刻支持美國反恐	美國遭受恐怖攻擊
2001.10	胡錦濤訪俄			

2002.1		中共十六大		俄中對美國所指「邪惡軸心」反應冷淡
2002.8	卡西亞諾夫訪中			
2002.11		江澤民卸任，保留軍委會主席。胡錦濤任國家主席		
2002.12	普欽訪中			
2003.3		人代會換屆，第四代領導上台	抨擊美國入侵伊拉克	美國發動伊拉克戰爭
2003.5	胡錦濤訪俄，俄中聯合公報，譴責單邊主義和強權政治，主張多極世界			
2003.9	卡西亞諾夫訪中			
2004.9	溫家寶訪俄		Beslan 學校人質危機	陳水扁總統當選連任
2004.10	普欽訪中			
2005.7	胡錦濤訪俄，簽署「中俄關於 21 世紀國際秩序的聯合聲明」			
2005.8	中俄「和平使命 2005」聯合軍事演習			
2005.11	俄總理佛拉德科夫訪中			
2006.3	普欽訪中			
2006.11	佛拉德科夫總理訪中			
2007.3	胡錦濤訪俄	中共十七大		北韓核試爆

資料來源：許湘濤，2007.5.5. "俄羅斯在中共地緣政治觀點中的地位"，「當前俄羅斯國內與國外局勢的演變」學術研討會，淡江大學俄羅斯研究所主辦，台北。

參考文獻

一、中文資料

1. 期刊論文：

丁永康，〈二十一世紀初的中俄戰略關係分析〉。《中國大陸研究》，
　　　第 46 卷第 2 期。

丁永康，〈中俄戰略協作夥伴關係：建構國際新秩序分析〉。《問題與
　　　研究》，第 38 卷第 6 期。

丁志剛，〈新興地緣經濟學獨特的地緣戰略視角〉。《國際論壇》，2001
　　　年 4 月第 3 卷第 2 期。

丁奎松，〈亞太大國關係對地區安全合作中的影響〉。《現代國際關
　　　係》，2000 年 1-2 期。

于有慧，〈中共外交政策走向與選擇〉。《問題與研究》，第 43 卷第
　　　1 期。

于曉麗，〈俄羅斯遠東解決人口問題的思路〉，《俄羅斯中亞東歐研
　　　究》，2005 年第四期。

王定士，〈戰略三角互動對俄中關係的影響〉。《國立政治大學學報》，
　　　2000 年 12 月，第 81 期。頁 101-134。

王定士，〈車臣戰爭研究：車臣戰爭決策中的克里姆林宮政治因素〉。《俄語學報》，1999年，第2期。頁232-256。

王定士，〈蘇聯解體後俄羅斯對外政策路線的克里姆林宮政治因素〉。《俄羅斯學報》，2001年1月，第1期。

王正泉，〈上海合作組織的重大意義〉。《當代世界經濟與政治》，2002年5期。

王立新，〈試論普京務實外交與中俄合作〉。《東北亞論壇》，2002年2期。

王克林，〈新疆與中亞國家的經貿關係〉。《東歐中亞市場研究》，2001年12期。

王金存，〈具有歷史意義的跨越——從上海五國到上海合作組織〉。《世界經濟與政治》，2001年第9期。

王勇，〈論中國的新安全觀〉。《世界經濟與政治》，1999年1期。

王章陵，〈新疆地區少數民族分離運動的分析〉。《共黨問題研究》，23卷3期。1997年3月，頁5-16。

王曉玉，許濤，〈論上海合作組織進程中的綜合安全理念〉。《俄羅斯中亞東歐研究》，2003年第5期，2003.10.5.頁52-57。

史坦普漢‧布朗（Stephen Blanic），〈中俄合作關係對美國的威脅〉，黃茂嘉譯，《國防譯粹》，28卷5期，2001年5月，頁65-71。

方雷，〈獨聯體國家的社會主義運動評析〉。《俄羅斯中亞東歐研究》，2003年第5期，2003.10.5.頁20-25。

朱听昌，〈新世紀中國安全戰略構想〉。《世界經濟與政治》，2000年1期，頁11-15。

何衛剛，〈國際機制理論與上海合作組織〉。《俄羅斯中亞東歐研究》，2003年第5期，2003.10.5.頁46-51。頁58-63。

何希泉，〈世紀之交的中亞形勢特點及前景〉。《現代國際關係》，2000
　　年 1-2 期，頁 56-60。

余學會、許濤，〈美國軍事力量進入中亞其影響〉。《東歐中亞研究》，
　　2002 年 3 期，頁 39-43。

吳修辰，〈2028 年俄羅斯稱霸歐洲大陸〉，《商業周刊》，No.111，
　　2005.02.28。

吳福成，〈俄羅斯參與 APEC 戰略〉，亞太經濟合作評論，第 11 期（2003
　　年 12 月），中華台北 APEC 研究中心。

李玉珍，〈俄羅斯對「獨立國協」政策的演變〉，《問題與研究》，第
　　35 卷第 8 期，1996.8。

李雅君，〈車臣問題——普京執政的契機與挑戰〉，《俄羅斯中亞東歐
　　研究》，2005 年第 4 期。

李靖，〈淺析美國的歐亞大陸戰略〉。《國際關係學院學報》，2001 年
　　第 3 期。

李興、周雪梅，〈烏克蘭「橙色革命」：內外因素及其影響分析〉，《俄
　　羅斯中亞東歐研究》，2005 年第 4 期。

沈偉烈，〈中國未來的地緣戰略思考〉。《世界經濟與政治》，2001 年
　　9 期，頁 71-75。

汪海濤，〈新疆將爆炸的火藥庫〉。《開放雜誌》，1996 年 7 月，頁 39。

林利民，〈國際地緣戰略形勢與中國的選擇〉。《現代國際關係》，2002
　　年 3 期，頁 26-31。

林麗香，〈中亞地區：中共、美國的新勢力範圍〉。《共黨問題研究》，
　　28 卷 1 期，2002 年 1 月，頁 17-26。

徐瑞雯，〈普丁政府的亞太外交〉。俄羅斯學報，第 2 期，國立政治
　　大學俄羅斯研究所，2003 年 1 月。

俞正梁，〈上海合作組織——時代的召喚〉。《國際觀察》。2000 年 6 月，頁 13-14。

胡鳳華，〈中亞能源與阿富汗戰爭〉。《東歐中亞市場研究》，2002 年 第 9 期，頁 31-35。

胡鍵，〈俄羅斯與東亞多邊合作〉。《世界經濟研究》，2003 年 10 月。

苗華壽，〈從上海五國機制到上海合作組織〉。《和平與發展》，2001 年第 3 期。

姜毅，〈中國的多邊外交與上海合作組織〉。《俄羅斯中亞東歐研究》，2003 年第 5 期，2003.10.5.頁 46-51。

唐永勝，〈歐亞大陸地緣戰略關係之變化〉，《世界經濟與政治》，2002 年第 10 期，頁 23-27。

夏義善，〈上海合作組織——和平與合作的典範〉。《求是雜誌》，2001 年第 14 期。

孫文中，〈美俄爭奪中亞地區的前景展望〉，《和平與發展》，2002 年 3 月。

孫永祥、張晶，〈中國和俄羅斯、中亞國家油氣合作現狀，問題及對策〉，《東歐中亞場研究》，2002 年 1 期，頁 13-16。

孫壯志，〈當前中亞地區安全形勢分析〉。《俄羅斯中亞東歐研究》，2003 年第 6 期，2003.12.5.頁 64-70。

馬勇，〈初論中亞的反恐怖主義鬥爭〉。《俄羅斯中亞東歐研究》，2003 年第 6 期，2003.12.5.頁 74-82。

馬瑞映，〈俄羅斯重構地緣戰略的因果分析〉。《探索與爭鳴》，2001 年 8 月號。

崔穎，〈加強經濟合作、鞏固上海合作組織〉。《東南亞研究》，2001 年第 6 期。

常慶,〈中國西部開發與發展同中亞五國的經貿合作〉。《東歐中亞市場研究》,2002 年第 11 期。

張文木,〈美國的石油地緣戰略與中國西藏新疆地區安全〉。《戰略與管理》,1998 年第 2 期。

張宏偉,〈上海合作組織-新安全觀的典範〉。《學術論壇》,2002 年第 2 期。

張雅君,〈上海五國安全合作與中共角色〉。《中國大陸研究》,44 期 4 卷。2001 年 4 月,頁 33-54。

許志新,〈普京的政治思維與實踐〉。《俄羅斯中亞東歐研究》,2003 年第 5 期,2003.10.5.頁 1-7。

許志嘉,〈九一一事件後美國對中共政策的調整〉。《問題與研究》,第 42 卷第 3 期。

許志嘉、許湘濤,〈「九一一事件」後美國與東亞大國關係發展〉,董立文主編,《反恐戰後的美中關係與台海局勢》,大屯出版社,民 92。

許湘濤,〈俄羅斯在中共地緣政治觀點中的地位〉。「當前俄羅斯國內與國外局勢的演變」學術研討會,淡江大學俄羅斯研究所主辦,台北。2007.5.5。

許湘濤,〈獨立國協與中亞情勢發展對美中臺互動之影響〉。陳一新等著,國際新形勢與美中臺關係。台北:兩岸交流遠景基金會,2004.2。頁 203-221。

許湘濤,〈俄羅斯的政治發展,一九九〇～一九九六〉。《問題與研究》,1996 年 12 月,頁 29-58。

陳聯璧,〈三個極端主義與中亞安全〉。《東歐中亞研究》,2002 年第五期,頁 56-62。

陳朝政，〈強權在中亞地區與外高加索地區競逐〉。《美歐季刊》，15
　　卷1期，117-152。

黃健英，〈西部大開發與我國的地緣戰略〉。《江漢論壇》，2001年第
　　12期。

郭連成，〈俄羅斯『入世』進程及相關問題分析〉，俄羅斯中歐東亞
　　研究，2003年第1期。

劉書忠，〈淺析美國的歐亞大陸戰略〉。《中州學院學報》，2002年6
　　月第18卷，第2期。

楊雷，〈中國新疆地區周邊國家地緣戰略關係分析〉。《新疆社科論
　　壇》，2001年第2期。

楊恕、李艷，〈中亞市場的地緣經濟分析〉。《東歐中亞研究》。2000
　　年，頁55-60。

趙常慶，〈中亞國家關係現狀探析〉。《國際觀察》，2002年第四期，
　　頁16-19。

趙鳴文，〈俄羅斯戰略收縮及其影響〉。《國際問題與研究》，2004，
　　No.1。

陸齊華，〈美國地緣戰略中的亞美尼亞〉。《東歐中亞研究》，2001年
　　第5期。

畢英賢，〈獨立國協的形成與發展〉，《問題與研究》，第34卷第10
　　期，1995年9月。

顧立民，〈新世紀中共地緣戰略思想〉。《問題與研究》，第42卷第
　　3期。

閻學通，〈中國的新安全觀與安全合作構想〉。《現代國際關係》，1997
　　年第11期。

德英全,〈試析那札巴耶夫的民族政策觀〉,《俄羅斯中亞東歐研究》,
　　2005 年第 4 期。

鮑敦全,〈新疆在中國與中亞五國經貿合作中的地位和作用〉。《東歐
　　中亞市場研究》,2001 年 12 期。

龍舒甲,〈「獨立國協」國家與中共之外交關係〉,《問題與研究》,第
　　32 卷第 1 期,1993 年 1 月。

2. 書籍:

兀成章、何中順,《時代特徵與中國對外政策》。北京:經濟科學出
　　版社,1998 年。

尹慶耀,《獨立國協研究——以俄羅斯為中心》。台北:幼獅,民 84。

白邦瑞(Michael Pillsbury),《中共對未來安全環境的辯論》。台北:
　　國防史政編譯局,2001 年 1 月。

中國現代國際關係研究所民族與宗教研究中心,《上海合作組織——
　　新安全觀與新機制》。北京:時事出版社,2002.2。

王定士,《俄中軍事交流,1992-1999》。台北:國科會第 38 屆出國
　　研究進修人員研究成果報告,NSC-38046F, 2000。

王定士,《俄羅斯對華政策,一九九二至一九九七:中俄關係發展之
　　動因及其局限》。台北:國科會計畫 NSC 87-2414-H-004-020,
　　1998。

王良能,《中共的世界觀》。台北:唐山出版社,民 91。

王治來、丁篤本編著,《中亞國際關係史》。長沙:湖南出版社,1997
　　年 3 月。

王逸舟，《西方國際政治學——歷史與理論》。上海：上海人民出版社，1998 年。

王樹春，《冷戰後的中俄關係》。北京，時事出版社，2005 年。

王繁賡，《中國崛起與美國亞太地區安全戰略之研究：地緣政治理論之觀點》，碩士論文，國立中山大學，公共政策研究所，2005 年。

白建才，《俄羅斯帝國》。台北：慧明，1992。

朱聽昌主編，《中國周邊安全環境與安全戰略》。北京，時事出版社，2002 年。

李邁先，《俄國史》。台北：正中書局，民 58。

李興漢，《波羅的海三國國情研究》。中國社會科學院東歐中亞研究所，1996 年 10 月。

林典龍，《中國能源安全戰略分析》，國立中山大學大陸研究所，民 91。

林添貴譯，布里辛斯基（Zbigniew Brzezinski）著，《大棋盤——全球戰略大思考》。台北：立緒文化，民 87。

沈世海，《中俄戰略協作夥伴關係之研究：動因及侷限》，碩士論文，國防管理學院，國防決策科學研究所，民 90。

邢廣程，《中國和新獨立的中亞國家》。哈爾濱：黑龍江教育出版社，1996 年。

邢廣程，《崛起的中亞》。台北：五南，民 82。

周德芳，《後冷戰時期中共「周邊關係」發展之研究》，碩士論文，國立政治大學，外交研究所，2004 年。

金震爍，《冷戰後中國大陸對其國家安全環境之認知》，南華大學亞太研究所，民 91。

姚辰蕙，《後冷戰時期俄中安全合作的研究，以上海合作組織為例》，
　　淡江大學俄羅斯研究所，民 91。

施子中、張文賢編著，《911 事件後美中俄三角關係之演變與對我影
　　響》。台北，遠景基金會，2004 年。

胡祖慶譯，麥克迪斯（Roy Macridis）編。《當代各國外交政策》。臺
　　北：五南，1991 年。

胡敏遠，《中共在中亞地區能源開採之研究》，國立政治大學外交學
　　系戰略與國際事務碩士在職專班，民 90。

孫壯志，《中亞五國對外關係》。北京：中國社會科學出版社，1999 年。

孫壯志，《中亞新格局與地區安全》。北京：中國社會科學出版社，
　　2001 年 7 月。

徐小杰，《新世界旳油氣地緣政治》。北京：社會科學文獻出版社，
　　1998 年。

徐葵主編，《俄羅斯和東歐中亞國家年鑑》。北京：當代世界出版社，
　　1998 年。

殷立威，《冷戰後中俄戰略夥伴關係之研究》，碩士論文，國立政治
　　大學，外交學系戰略與國際事務碩士在職專班，民 91。

紐先鍾，《西方戰略思想史》。台北：麥田出版社，民 84 年。

郝文明主編，《中國周邊國家民族狀況與政策》。北京：民族出版社，
　　2000 年。

高武銘，《中俄戰略協作夥伴關係之研究》，碩士論文，淡江大學，
　　俄羅斯研究所，民 88。

常慶，《中亞五國對外關係現狀與發展趨勢》。中國社會科學院東歐
　　中亞研究所，1996 年 9 月。

張俊雄，《中共大國外交戰略之研究——地緣政治途徑之分析》，碩士論文，國立政治大學——外交學系戰略與國際事務碩士在職專班，民91。

張建新，《從上海合作組織論中共對中亞的外交政策》，國立政治大學——外交學系戰略與國際事務碩士在職專班，民91。

張書豪，《俄羅斯建立「俄中戰略協作夥伴關係」之因素與意義》，碩士論文，南華大學，歐洲研究所，民91。

張漢平，《冷戰結束後中共地緣政治之研究》，碩士論文，國立政治大學，外交研究所，2005年。

張炳清、韓永學主編，《大賭局——冷戰後地緣政治格局》。北京：中國社會科學出版社，1999年3月。

許嘉主編，《冷戰後中國周邊安全態勢》。北京，軍事科學出版社，2003年版。

許綏南譯，艾許頓‧卡特（Ashton B. Carter）、威廉‧裴利（William J. Perry），《預防性防禦——後冷戰時代美國的新安全戰略》。台北：麥田出版社，民89。

普京，《普京文集：文章和講話選集》。北京：中國社會科學出版社，2002年11月。

陳啟懋，《跨世紀的世界格局大轉換》。上海：上海教育出版社，1996年。

陳啟懋編著，《中國對外關係》。台北，吉虹資訊出版，2000年。

陳嘉尚，《從權力平衡探討中共崛起之地緣戰略》，國立政治大學——外交學系戰略與國際事務碩士在職專班，民91。

陳聯璧，《俄羅斯民族關係問題研究》。中國社會科學院東歐中亞研究所，1998年。

陳耀,《西部開發大戰略與新思路》。北京：中共中央黨校出版社，
　　2000 年。

陸俊元,《地緣政治的本質與規律》。北京,時事出版社,2005 年版。

傅國良,《中俄戰略協作夥伴關係研究〈1996-2004 年〉》,碩士論文,
　　國立政治大學,國家安全與大陸研究碩士在職專班,民 93。

彭建雯,《美國外交政策之分析：從圍堵到新圍堵》,碩士論文,東
　　海大學,政治研究所,2000 年。

游智偉,《中國大陸對非洲能源外交之研究》,碩士論文,政治大學,
　　中山人文社會科學研究所,2006 年。

游豐吉,《大陸能源與開發與利用現狀》。中共研究雜誌社。民國
　　85 年。

馮國震、楊紫涵譯,史坦普漢（Stephen J. Blank）,《擴張後的北約》。
　　台北：國防史政編譯局,1999 年。

馮紹雷主編,《普京外交》。上海,上海人民出版社,2004 年。

黃振祥,《冷戰後時期「中俄戰略協作夥伴關係」之形成與探析》,
　　碩士論文,國立政治大學,外交研究所,民 93。

黃榮昌,《蘇聯解體後俄羅斯對美國外交政策轉變之研究》。碩士論
　　文,淡江大學,俄羅斯研究所,1998 年。

黃德春譯,Michael Mandelbaum,《近代國家之安全策略》。台北：
　　國防部史政編譯局,民 82。

楊育才,《大國夢──俄羅斯的軍事戰略》。北京：新華出版社,
　　2001 年。

楊勉主編,《國際政治中的中國外交》。北京,中國傳媒大學出版社,
　　2005 年版。

楊紫函譯，克里斯多夫・麥納利（Christopher. A. Mcnally）、查理斯・摩利森（Charles E. Morrison）。《2001 年亞太安全觀》（*Asia Pacific Outlook 2001*）。台北：國防部史政編譯局，2002 年。

楊鎮甲譯，馬漢（Mahan, A.T.），《海軍戰略論》。台北：中華文化出版事業委員會印行，民 44。

葉自成，《地緣政治與中國外交》。北京：北京出版社，1998 年。

董立文主編，《反恐戰後的美中關係與台海局勢》，大屯出版社，民 92。

董曉陽主編，《走進二十一世紀的俄羅斯》。北京，當代世界出版社，2003 年。

蔡百銓譯，《俄羅斯・蘇聯・與其後的歷史》。（上、下）台北：國立編譯館，民 84 年 10 月。David MacKenzie and Michael W. Curran, *A History of Russia, the Soviet Union, and Beyond.* 1993.

趙常慶，《中亞五國概論》。北京：經濟日報出版社，1999 年。

劉炳均，《俄羅斯聯邦地理》。台北市：國立政治大學俄國語文學系，民 85.6。

樓耀亮，《地緣政治與中國國防戰略》。天津，天津人民出版社，2002 年。

姜毅、許志新、吳偉、李勇慧，《重振大國雄風──普京的外交戰略》。中國社會科學院東歐中亞研究所，2004 年。

姜毅、鄭羽，《世紀之交的中俄關係》。中國社會科學院東歐中亞研究所，1998 年。

鄭羽主編，《獨聯體十年。現狀、問題、前景。1991-2001》。北京：世界知識出版社，2002 年 1 月。

顧志紅編著，《摩爾多瓦》。中國社會科學院俄羅斯東歐中亞研究所，
　　2001 年。

魯維廉，《中共「新安全觀」與「中」俄戰略協作夥伴關係》，碩士
　　論文，國立政治大學，東亞研究所，民 90。

學剛、姜毅主編，《葉爾欽時代的俄羅斯：外交卷》。北京，人民出
　　版社，2001 年。

閻學通，《中國崛起——國際環境評估》。天津：天津人民出版社，
　　1998 年。

薛君度、刑廣程，《中國與中亞》。北京：社會科學文獻出版社，1999 年。

蘇起，《論中蘇共關係正常化（1979~1989）》。台北，三民書局，
　　1992 年。

Robert L. Pfaltzgraff and James E. Dougherty 著，胡祖慶譯，《國際關
　　係理論導讀》。台北，五南，1993 年。

Samuel Huntington 著，黃裕美譯：《文明衝突與世界秩序的重建》。
　　台北，聯經出版社，1997 年。

3. 報紙與網路新聞：

〈美勢力伸入，中亞新紀元？〉，《聯合報》，民 91.8.28，版 11。

〈北約決議成立快速反應部隊〉，《聯合報》，民 91.11.23，版 11。

〈江澤民中亞行旨在軍事結盟〉，《中國時報》，民 90.7.21，版 11。

〈外交突破我官員上月訪中亞〉，《自由時報》（台北），91.12.15，版 1。

〈外交佈局中亞我伸出觸角〉，《自由時報》（台北），91.12.15，版 3。

吳明杰，〈外交新戰略直搗中國後門〉，《自由時報》（台北），91.12.15，版 3。

王玉燕，〈中吉下月反恐軍演，打擊疆獨〉，《聯合報》，民 91.9.13，版 13。

〈上海合作組織籲以新安全觀剷恐怖主義〉，《聯合報》，民 91.9.13，版 13。

石開明，〈名為反恐實為外交突破戰〉，《聯合報》，民 91.10.12，版 11。

〈江澤民主席同哈薩克斯坦總統納札爾巴耶夫會談〉（新華網，2002-12-23）

《中華人民共和國與俄羅斯聯邦共同聲明》，（新華網，2002-12-03）

〈俄國會決議凍結傳統武力條約研擬增兵西境〉，2007/1/08。Yahoo 奇摩。

〈上海合作組織成員國外長就「9.11」周年發表聲明〉，（新華網，2002-09-11）

二、英文資料

1. Articles:

Babus, Sylvia and Judith Yaphe. "Balancing Opportunities and Challenges. Strategic Forum," *US-Central Asian Security*, January 1999, No.153.

Barbara J. "Theoretical Approaches to Border Spaces and Identities," in Barbara J. Morehouse eds., *Challenged Borderlands: Transcending Political and Boundaries.* USA: Ashgate, 2004.

Becker, Abraham S., "Russia and Caspian Oil: Moscow Loses Control," *Post-Soviet Affairs*, April-June 2000. Vol 16, No.2, pp.91~132.

Bhatty, Robin and Rachel Bronson. "NATO's Mixed Signals in the Caucasus and Central Asia," *Survival*, 2000. Vol.42, No.3, pp.129~145.

Buyukakinci, Erhan, "Patterns of Integration in Central Asia," *Journal of International Affairs*, March-May 2000.

Calder, Kent E., "Asia's Empty Tank," *Foreign Affairs*, March/April 1996, pp.55-69.

Chang, Felix K., "China's Central Asian Power and Problems," *Orbis*, Summer 1997, Vol.41, No.3, pp.401~425.

Cornell, Svavte E., "Uzbekistan: A Regional Player in Eurasian Geopolitics? " *European Security*, Summer 2000. Vol.9, No.2, pp.115~140.

Godzimirski, Jakub M.. "Russian national Security Concepts 1997 and 2000: A Comparative Analysis." *European Security*, Winter 2000. Vol.9, No.4, pp.73~91.

"Eastern Exposure," Newsweek, Dec. 29, 2003/Jan. 5, 2004, p.48.

Fuller, Graham E. "Central Asia: The Quest for Identity," *Current History*, 1994.

Jaffe, Amy Myers and Manning, Robert A., "Russia, Energy and the West." *Survival*, Vol.43, No.2, Summer 2001. pp.133~152.

Kristof, Ladis K., "The nature of frontiers and boundaries," *Annals of the Association of American Geographers*, Vol.49, No.3, 1959.

Kuniholm, Bruce R., "The Geopolitics of the Caspian Basin," *Middle East Journal*. Autumn 2000. Vol.54, No.4, pp.546~571.

O'Hara, Sarah L. "Great Game or Grubby Game? The Struggle for Control of the Caspian," in Billon, Philippe Le ed. *The Geopolitics of Resource War. Resource Dependence, Governance and Violence.* London: Frank Cass, 2005. pp.138-160.

O'Lear, Shannon. "Resources and Conflict in the Caspian Sea," in Billon, Philippe Le ed. *The Geopolitics of Resource War. Resource Dependence, Governance and Violence.* London: Frank Cass, 2005. pp.161-186.

Shearman, Peter. "The sources of Russian conduct: understanding Russian foreign policy." *Review of International Studies*, April 2001, Vol.27, No.2, pp.249~263.

Tagil, S., "The question of border regions in Western Europe: an historical background," in M. Anderson (ed.), *Frontier Regions of Western Europe*, London: Frank Cass, Ltd., 1983.

Trenin, Dmitri. *The End of Eurasia. Russia on the Border Between Geopolitics and Globalization*. Washington, D.C., and Moscow: Carnegie Endowment for International Peace, 2002.

Wiberg-Jorgensen, Paul. "America's Freedom to Act in the Caspian Area." *European Security*, Winter 1999, Vol.8, No.4, pp.100~108.

Yergin, Daniel, and J. Stanislav. "Oil: Reopening the Door." *Foreign Affairs*, September/October 1993, pp.81-93.

2. Books

Allison, Roy, *Challenges for the Former Soviet South*. Washington D. C.: Brookings Institution Press, 1996.

Bauazizi, Ali and Myron Weiner. *The New Geopolitics of Central Asia and Its Borderlands.* London: I.B. Tauris, 1994.

Billon, Philippe Le ed. *The Geopolitics of Resource War. Resource Dependence, Governance and Violence.* London: Frank Cass, 2005.

Brzezinski, Zbigniew. *The Choice: Global Domination or Global Leadership*, New York: Basic Books, 2004.

Brzezinski, Zbigniew. *The Grand Chessboard: American Primacy and Its Geostrategic Imperatives.* New York: BasicBooks, 1997.

Brzezinski, Zbigniew and Sullivan Paige. *Russia and the Commonwealth of Independent States* (Documents, Data and Analysis). Armonk, NY: M.E. Sharp, 1997.

Buszynski, Leszek. *Russian Foreign Policy after the Cold War*, Westport, Conn.: Praeger, 1996.

Carter, Ashton B. and William J. *Perry. Preventive Defense: A New Security Strategy for America.* Washington, D.C., The Brookings Institute, 1999.

Chufrin, Gennady. *Russia and Asia: the Emerging Security Agenda.* New York: Oxford University Press, 1999.

Dawisha, Karan. *Russia Foreign Policy in the Near Abroad*, Guilford: Dushkin/McGraw Hill, 1997.

Dawisha, Karen and Bruce Parrott. *Conflicts, Cleavage, and Change in Central Asia and the Caucasus.* United Kingdom: Cambridge University Press. 1997.

Dziewanowski, M.K. *A History of Soviet Russia.* 4th edition. N.J.: Prentice Hall, 1993.

Ferdinand, Peter. *The New Central Asia and Its Neighbors.* London: Royal Institute of International Affairs. 1994.

Florinsky, Michael T. *Russia. A History and An Interpretation.* Two Volumes. New York: Macmillan, 1953.

Forsythe, Rosemarie, *The politics of Oil in the Caucasus and Central Asia: prospects for oil exploitation and export in the Caspian basin.* New York: Oxford University Press,1996.

Fried, Edward R. and Philip H. Trezise. *Oil Security.* Washington: The Brookings Institution, 1993.

Ikenberry, G. John and Michael Mastanduno. *International Relations Theory and the Asia-Pacific.* N.Y.: Columbia University Press, 2003.

Gleason, Gregory, *The Central Asian States.* Colorado: Westview Press, 1997.

Haghayeghi, Mehrda. *Islam and Politics in Central Asia.* London: Macmillan Press, 1997.

Harcave, Sidney. Russia. *A History.* New York: J.B. Lippincott Company, 1956.

Hunter, Shireen T. *Central Asia Since Independence.* Washington: The Center for Strategic and International Studies, 1996.

Huntington, Samuel P. *The Clash of Civilizations and The Remaking of World Order.* New York: Simon & Schuster, 1997.

Kirby, K.M. *Indifferent Boundaries: Special Concepts of Human Subjectivity*, Guilford Press, New York, 1996.

Kirchner, Walther. *History of Russia.* 4th edition. 1972.

Kennedy, Paul. *The Rise and Fall of the Great Powers.* New York: Random House, 1987.

Kim, Samuel. *The International Relations of Northeast Asia*, N.Y.: Rowman & Littlefield Publishers, 2004.

Kissinger, Henry A., *Diplomacy*, New York: Simon & Schuster, 1994.

Kotkin, Stephen and David Wolff eds. *Redicovering Russia in Asia. Siberia and the Russian Far East.* Armonk, New York: M.E. Sharpe, 1995.

Kugler, Richard L. *Enlarging NATO. The Russian Factor.* CA.: RAND, 1996.

Macridis, Roy C. ed. *Foreign Policy in World Politics.* Englewood Cliffs, N.J.: Prentice Hall Press, 1992.

Martinez, O.J. *Troublesome Border.* Tucson: University of Arizona Press, 1988.

Mc Chesney, R. D. *Central Asia: Foundations of Change.* Princeton, N.J.: The Darwin Press, 1996.

Mesbahi, Mohiaddin. *Central Asia and the Caucasus after the Soviet Union: Domestic and International Dynamics.* Florida: University Press of Florida, 1994.

Michael Mandelbaum. *The New Russian Foreign Policy.* N.Y.: Council on Foreign Relations, 1998.

Motyl, Alexander J., Blare A. Ruble and Lilia Shevtsova eds. *Russia's Engagement with the West. Transformation and Integration in the Twenty-First Century.* Armonk, New York: M.E. Sharpe, 2005.

Mozaffari, Mehdi. *Security Politics in the Commonwealth of Independent States: The Southern Belt.* New York: St. Martin's Press, 1997.

Nye, Joseph S. Jr. *The Paradox of American Power*, Oxford: Oxford University Press, 2003.

Nye, Joseph S. Jr. *Soft Power: the Means to Success in World Politics*, N.Y: Perseus Books Groups, 2004.

Pares, Bernard. *A History of Russia.* New York: Vintage Books, 1965.

Pavlakovich-Kochi, Vera; Barbara J. Morehouse and Doris Wastl-Walter eds. *Challenged Borderlands: Transcending Political and Cultural Boundaries.* England: Ashgate, 2004.

Pokorovskii, M.N. *Russia in World History.* Ann Arbor: University of Michigan Press, 1970.

Pomfret, Richard. *The Economies of Central Asia.* New Jersey: Princeton University Press, 1995.

Rahul, Ram. *Politics of Central Asia.* London: Curzon Press, 1974.

Rahul, Ram. *China, Russia, and Central Asia.* New Delhi: Ravindra Offset Press, 1995.

Riansanovsky, Nicholas V. *A History of Russia.* 3rd edition. New York: Oxford University Press, 1977.

Sakwa, Richard. *Russian Politics and Society.* New York: Routledge, 2002.

Spykman, Nicholas John. *The geography of the peace*, New York: Harcourt, Brace and Company, 1944.

Treadgold, Donald W. *Twentieth Century Russia.* Chicago: Rand McNally & Company, 1964.

Trenin, Dmitri. *The End of Eurasia. Russia on the Border Between Geopolitics and Globalization.* Washington, D.C., and Moscow: Carnegie Endowment for International Peace, 2002.

Ulam, Adam B. *A History of Soviet Russia.* New York: Praeger, 1967.

Wilson, Jeanne L. *Strategic Partners. Russian-Chinese Relations in the Post-Soviet Era.* New York: M.E. Sharpe, Inc., 2004.

Zhang, Yongjin and Azizian, Rouben. *Ethnic Challenges beyond Borders: Chinese and Russian Perspectives of the Central Asian Conundrum.* New York: St. Martin's Press, 1998.

三、俄文資料

Госкмстат России. Российский Ежегодник. Москва: Госкмстат. 1999. (Goskomstat Rossii, Rossiiskii ezhegodnk, Moskva: Goskomstat, 1999.)（俄羅斯國家統計局，俄羅斯年報。）

Госкмстат России. Регионы России. Москва. Госкмстат. 1999.（俄羅斯國家統計局，俄羅斯各地區統計資料。）

Ю.Н. Гладкий, В.А. Доброскок, С.П. Семенов. Экономическая География России. Москва: Гардарика, 1999. (Y.N. Gladky, B.A. Dobrokok, S.P. Semenab, Ekonomicheskaya Geografiya Rossii, Moskva: Gardarika, 1999.)（俄羅斯經濟地理）

Атлас Российская Федерация. Москва: АТКАЯ, 2002.（俄羅斯聯邦地圖）

А. Болятко, Угрозы и вызовы России в Азиатско-Тихоокеанском регионе. «Проблемы Дальнего Востока» No3, 2000.（俄羅斯在亞太地區的威脅與挑戰）《遠東問題》

А. Сизоненко, Новый Тихоокеанский Форум – Латинская Америка – Восточная Азия, «Проблемы Дальнего Востока» No1, 2002. （新的太平洋論壇——拉丁美洲——東亞）《遠東問題》

Г. Агафонов, Азиатско-Тихоокеанский регион и морской потенциал России, «Проблемы Дальнего Востока» No6, 2001.（亞太地區與俄羅斯的海洋潛力）《遠東問題》

Г. Яскина, Государства Азиатско-Тихоокеанского региона: новые вызовы безопасности. Материалы круглого стола в Дипломатической Академии МИД России, посвященного 70-летию Николая Николаевича Соловьева, Чрезвычайного и Полномочного посла. М.: «Научная книга», 2002,154с. «Проблемы Дальнего Востока» No2, 2003. （太平洋地區國家：新的安全挑戰）《遠東問題》

Е. Деваева, Экономическое сотрудничество Дальнего Востока России со странами Северо-Восточной Азии: состояние, проблемы, перспективы, «Проблемы Дальнего Востока» No1, 2004.（俄羅斯遠東與東北亞國家的合作）《遠東問題》

И. Троекурова, Россия и АТЭС: перспективы сотрудничества в новых условиях. «Проблемы Дальнего Востока» No1, 2004. （俄羅斯與亞太經合會：新形勢下的合作展望）《遠東問題》

И. Целищев, Восточная Азия: интеграция? Мировая экономика и международные отношения, 2003, No7 - No8.（東亞：整合？）《遠東問題》

Игорь Иванов, Новая Российская Дипломатия – Десять лет внешней политики страны, М.: ОЛМА-ПРЕСС, 2001.（新的俄羅斯外交──十年來的對外政策）《遠東問題》

С. Гончаренко, Форум «Азиатско-Тихоокеанское экономическое сотрудничество» Торгово-экономические группировки в регионе АТЭС, «Проблемы Дальнего Востока» No3, 1999.（亞太經合會論壇　區域經貿小組）《遠東問題》

四、網頁

Pravda.RU:World

http://blog.yam.com/dili/article/5335071

http://euroasia.cass.cn/Chinese/news/Subject/Shanghai/lw001.htm

http://old.polit.ru/documents/370513.html

http://www.apecenergy.org.au/welcome/home/index.html

http://www.bmatch.ru/showcont.php3?nomervyp=32&lang=english

http://www.lib.utexas.edu/maps/commonwealth/cis_europe_pol_2003.jpg

http://www.smb-support.org/news/25_03_2002_dk.htm

http://www.cis.minsk.by/english/meet_cis.htm.

http://www.cis.minsk.by/russian/sng_12let.htm.

http://www.cis.minsk.by/russian/atc/atc_home.htm

http://www.cis.minsk.by/english/atc/atc_home.htm

http://www.tier.org.tw/12hotnews.htm 台灣經濟研究院網站

中時電子報

國立政治大學俄羅斯研究所網站

國家圖書館出版品預行編目

俄羅斯及其周邊情勢之研究 / 許湘濤著. -- 一
  版. -- 臺北市 : 秀威資訊科技, 2008.02
  面； 公分. -- (社會科學)
  參考書目：面
  ISBN 978-986-6732-57-7 (平裝)

  1. 政治　2. 俄國
  574-48   96025293

 社會科學類　AF0074

俄羅斯及其周邊情勢之研究

作　　者 / 許湘濤
發 行 人 / 宋政坤
執行編輯 / 賴敬暉
圖文排版 / 鄭維心
封面設計 / 李孟瑾
數位轉譯 / 徐真玉　沈裕閔
圖書銷售 / 林怡君
法律顧問 / 毛國樑　律師
出版印製 / 秀威資訊科技股份有限公司
　　　　　台北市內湖區瑞光路 583 巷 25 號 1 樓
　　　　　電話：02-2657-9211　　　傳真：02-2657-9106
　　　　　E-mail：service@showwe.com.tw
經 銷 商 / 紅螞蟻圖書有限公司
　　　　　台北市內湖區舊宗路二段 121 巷 28、32 號 4 樓
　　　　　電話：02-2795-3656　　　傳真：02-2795-4100
　　　　　http://www.e-redant.com

2008 年 2 月 BOD 一版
定價：260 元

讀　者　回　函　卡

感謝您購買本書，為提升服務品質，煩請填寫以下問卷，收到您的寶貴意見後，我們會仔細收藏記錄並回贈紀念品，謝謝！

1. 您購買的書名：_____

2. 您從何得知本書的消息？

　　□網路書店　□部落格　□資料庫搜尋　□書訊　□電子報　□書店

　　□平面媒體　□ 朋友推薦　□網站推薦 □其他_____

3. 您對本書的評價：(請填代號　1.非常滿意 2.滿意 3.尚可 4.再改進)

　　封面設計____　版面編排____　內容____　文/譯筆____　價格____

4. 讀完書後您覺得：

　　□很有收獲　□有收獲　□收獲不多　□沒收獲

5. 您會推薦本書給朋友嗎？

　　□會　□不會，為什麼？_____

6. 其他寶貴的意見：_____

_____

_____

_____

讀者基本資料

姓名：_____　年齡：_____　性別：□女 □男

聯絡電話：_____　E-mail：_____

地址：_____

學歷：□高中(含)以下　□高中　□專科學校　□大學

　　　□研究所(含)以上 □其他_____

職業：□製造業 □金融業 □資訊業 □軍警 □傳播業 □自由業

　　　□服務業 □公務員 □教職　□學生 □其他_____

To：114

台北市內湖區瑞光路 583 巷 25 號 1 樓

秀威資訊科技股份有限公司　　　收

寄件人姓名：

寄件人地址：□□□

(請沿線對摺寄回,謝謝!)

秀威與 BOD

BOD（Books On Demand）是數位出版的大趨勢，秀威資訊率先運用 POD 數位印刷設備來生產書籍，並提供作者全程數位出版服務，致使書籍產銷零庫存，知識傳承不絕版，目前已開闢以下書系：

一、BOD 學術著作—專業論述的閱讀延伸
二、BOD 個人著作—分享生命的心路歷程
三、BOD 旅遊著作—個人深度旅遊文學創作
四、BOD 大陸學者—大陸專業學者學術出版
五、POD 獨家經銷—數位產製的代發行書籍

BOD 秀威網路書店：www.showwe.com.tw
政府出版品網路書店：www.govbooks.com.tw

永不絕版的故事・自己寫・永不休止的音符・自己唱